그래서 과학자는
단위가 되었죠

김경민 지음

그래서 과학자는 단위가 되었죠

**일상 속 어디에나
있는 과학 천재들**

다른

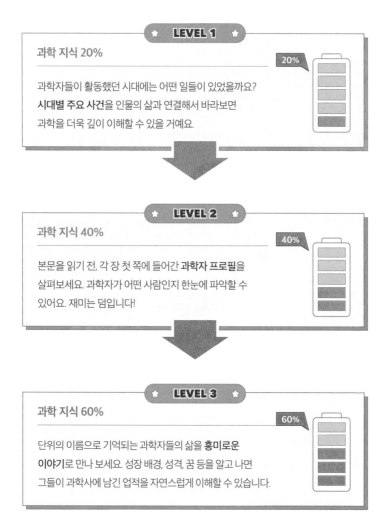

★ **LEVEL 1** ★

과학 지식 20%

20%

과학자들이 활동했던 시대에는 어떤 일들이 있었을까요?
시대별 주요 사건을 인물의 삶과 연결해서 바라보면
과학을 더욱 깊이 이해할 수 있을 거예요.

★ **LEVEL 2** ★

과학 지식 40%

40%

본문을 읽기 전, 각 장 첫 쪽에 들어간 **과학자 프로필**을
살펴보세요. 과학자가 어떤 사람인지 한눈에 파악할 수
있어요. 재미는 덤입니다!

★ **LEVEL 3** ★

과학 지식 60%

60%

단위의 이름으로 기억되는 과학자들의 삶을 **흥미로운**
이야기로 만나 보세요. 성장 배경, 성격, 꿈 등을 알고 나면
그들이 과학사에 남긴 업적을 자연스럽게 이해할 수 있습니다.

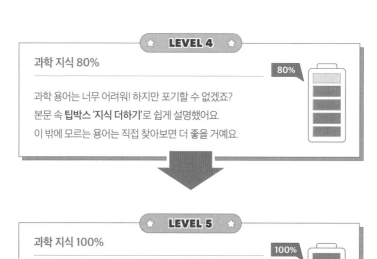

LEVEL 4

과학 지식 80%

80%

과학 용어는 너무 어려워! 하지만 포기할 수 없겠죠?
본문 속 **팁박스 '지식 더하기'**로 쉽게 설명했어요.
이 밖에 모르는 용어는 직접 찾아보면 더 좋을 거예요.

LEVEL 5

과학 지식 100%

100%

각 장 끝에 들어간 **'일상 속 단위 이야기'**를 읽어 보세요.
단위에 관한 지식부터 과학을 바라보는
넓은 시야까지 얻는 일석이조의 효과!

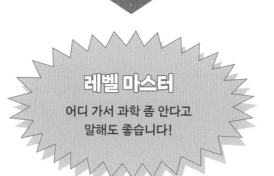

레벨 마스터
어디 가서 과학 좀 안다고
말해도 좋습니다!

start! →

1583
갈릴레이
진자의 등시성 발견

1590
갈릴레이
<운동에 관하여>를 통해
물체의 낙하 법칙 발표

1543
코페르니쿠스 《천구의 회전에 관하여》를 통해 태양 중심설 주장

1775
와트
와트 증기 기관 시운전

1704
뉴턴
《광학》에서 빛의 입자설 주장

1769
와트 증기 기관 특허 취득

1687
뉴턴 《자연철학의 수학적 원리》 출간 및 만유인력의 법칙 확립

18세기 후반
산업혁명 시작

1876
벨
전화기 특허권 획득

1895
뢴트겐 X선 발견

1610

갈릴레이
목성의 위성 발견

1633

갈릴레이
종교재판에서 태양
중심설 파기 선언을
강요받음

1609

갈릴레이 직접 만든 굴절망원경으로
달 관측

1684

라이프니츠
미적분학에 관한
최초의 논문 발표

1668

뉴턴
세계 최초의
반사망원경 개발

1666

뉴턴
빛의 분산 실험,
미적분법 (유율법)
발견

1896

베크렐
방사능 발견

1914

제1차 세계대전 발발,
마리 퀴리의 라듐 연구소 완공

1898

퀴리 부부 라듐과 폴로늄 발견

차례

0

단위는

일상 그 자체!

단위 이해하기

우리의 삶에 단위가 없다면 어떻게 될까? 우리가 평소 얼마나 많은 단위를 사용하는지 하루를 돌아보며 확인해 보겠다.

알람과 함께 아침이 시작된다.

빠빠 빠빠빠빠 빠빠빠라바빠♬

5분만 더 자고 싶다. 시계를 보니 오전 6시 45분이네? 늦지 않으려면 빨리 일어나야지. 물을 마시는 게 몸에 좋다고 했으니까 한 잔 마시자. 그런데 얼마만큼 마셔야 몸에 좋은 거지? 대충 100밀리리터(mL) 정도 마셔야겠다. 벌써 시간이 이렇게 됐네? 빨리 씻어야지.

머리가 마르는 동안 커피 한 잔 내려야겠어. 1온스(oz)짜리 에스프레소 잔이 어디 있더라. 앗. 어제 설거지를 안 했네. 커피 내려지는 동안 옷을 입어야지. 오늘은 무난하게 하늘색 셔츠랑 한 벌로 된 남색 정장을 입어야겠다. 어! 바지가 왜 안 맞지? 28인치(inch)로 맞춘 바지인데……. 살이 쪘나?

오늘부터 다이어트 시작이다! 그런데 어제 퇴근길에 편의점에서 산 샌드위치가 있잖아. 오늘까지만 먹어야겠다. 가만있자. 샌드위치 하나에 515킬로칼로리(kcal)야? 내 키 175센티미터(cm) 기준으로 하루 권장 열량이 2,362킬로칼로리니까, 여기에 맞춰서 먹는 양을 줄이면 몸무게 2~5킬로그램(㎏) 정도는 금방 뺄 거야.

갑자기 전구가 왜 이렇게 깜빡거려? 퇴근할 때 하나 사와야겠네. 이 전구랑 같은 걸 사야 하니까 사진 한 장 찍어 둬야겠다. 뭐라고 쓰여 있지? '10W(와트), 220V(볼트), 60Hz(헤르츠)'. 자! 출근하기 전에 마지막으로 오늘 날씨 확인해야지.

"오케이 ○○, 오늘 날씨 말해 줘."

"네, 오늘은 대체로 맑겠으며, 최저 기온 섭씨 25도(℃), 최고 기온 섭씨 29도, 평균 습도는 50퍼센트(%)입니다."

어떤가? 하루 종일도 아니고 아침 시간 약 40분 동안의 상황이다. 위에서 사용된 단위에 동그라미를 쳐보자.

시, 분, 잔, 밀리리터, 온스, 벌, 인치, 킬로칼로리, 센티미터, 킬로그램, 장, 와트, 볼트, 헤르츠, 도, 퍼센트가 위에 사용된 단위다. 엄청나지 않나? 단위는 우리의 일상 그 자체다. 이런 단위가 없다면 어떤 일이 일어날까? 시간도, 물질의 양도, 거리도 정확하게 전달할 수 없고, 우리 사회는 혼란에 휩싸이게 될 것이다.

단위는 기준이 중요해

옛날부터 나라별로 다양한 단위가 사용되었다. 단위가 사람들에게 의미 있게 사용되려면 기준이 중요했다. 그런데 그 기준이 지금과는 달랐다. 지금도 서양에서 사용하고 있는 단위인 피트(feet)는 발의 크기를 기준으로 했으며, 동양에서 사용하는 척(尺)은 한 촌(寸)의 열 배에 해당하는데, 손목부터 팔꿈치까지 사이에 있는 요골의 길이를 기준으로 했다. 여기서 사용된 촌의 우리말 '치' 역시 손가락의 굵기를 기준으로 했다. 척은 우리말로 '자'라고도 했는데, 한 자는 열 손가락을 나란히 편 너비를 의미한다. 피트, 척, 자 모두 약 30센티미터를 의미하지만, 그 기준이 달라진다면 단위의 의미도 달라질 수 있는 것이다.

중국 원나라의 소설가 나관중의 소설 《삼국지》에서는 관우를 8척 장신으로 표현하는데, 이를 지금의 기준으로 하면 240센티미터에 해당하니 과장으로 볼 수 있다. 하지만 그 당시의 기준을 적용하면, 그의 키가 184센티미터였다는 것을 알 수 있다. 그 당시 한나라에서 한 척은 23센티미터이기 때문이다.

우리나라의 이순신 장군도 키가 8척 장신으로 묘사되고는 한다. 그렇다면 이순신 장군의 키도 184센티미터일까? 그건 또 아니다. 이유는 그 당시 조선에서 한 척은 21센티미터이기 때문이다. 그럼 이순신 장군의 키는 168센티미터다. 서울대학교 의과대학 해부학 교실에서 분석한 조선 시대 남자의 평균 키가 약 161센티미터임을 고려할 때 168센티미터는 분명 큰 키였을 것

단위 이해하기

이다. 하지만 이순신 장군이 명나라 황제에게 받은 두 자루의 칼이 각각 170센티미터, 190센티미터였다는 기록을 보아, 그 칼을 썼으려면 당연히 키가 그보다 훨씬 컸으리라는 의견도 있다.

이러한 사례에서도 알 수 있듯이 단위는 그 기준이 중요하며, 시대와 장소에 따라 다른 의미로 사용되었음을 알 수 있다.

단위라고 다 같은 단위가 아니다

우리가 현재 사용하는 단위는 어떤 기준으로 만들었고, 어떻게 전 세계가 공통으로 사용하게 된 것일까?

나라 간의 무역이 활발해지는 세상이 도래하자 나라마다 사용하는 단위가 달라 혼란이 있었다. 이를 정리하고자 미터법을 기준으로 하는 국제단위계를 만들었다. 국제단위계는 국제도량형총회(CGPM)라는 곳에서 정한다. 이렇게 정의된 단위를 국제단위계(SI, 프랑스어 Système international d'unités 약칭)라고 부른다. 그렇다면 국제단위계는 어떤 단위들로 이루어질까?

1960년 제11차 국제도량형총회에서 결정된 국제단위계는 기본단위 7개와 기본단위로부터 유도되는 조합 단위로 이루어진다. 여기에 20개의 SI 접두어를 붙여서 구성한다.

기본단위는 초(s, 시간), 미터(m, 길이), 킬로그램(kg, 질량), 암페어(A, 전류), 켈빈(K, 절대온도), 몰(mol, 물질량), 칸델라(cd, 광도)다. 유도단위는 말 그대로 이미 있는 기본단위로부터 유도된 단위를 의미한다. 유도단위는 두 가지로 구분되는데, 먼저 기본단위로만 표현되는 일반 유도단위에는 7개가 있다. 제곱미터(m^2, 넓이), 세제곱미터(m^3, 부피), 초당미터(m/s, 속력·속도), 제곱초당미터(m/s^2, 가속도), 세제곱미터당킬로그램(kg/m^3, 밀도), 세제곱미터당몰(mol/m^3, 농도), 제곱미터당칸델라(cd/m^2, 광휘도)다. 그밖에 고유 명칭과 기호가 있는 유도단위는 22개가 있다.

고유 명칭과 기호가 있는 SI 유도단위			
명칭	기호	유도량	SI 기본단위로 표시
라디안	rad	평면각	$m \cdot m^{-1}$
스테라디안	sr	입체각	$m^2 \cdot m^{-2}$
헤르츠	Hz	진동수	s^{-1}
뉴턴	N	힘	$kg \cdot m \cdot s^{-2}$
파스칼	Pa	압력, 변형력	$kg \cdot m^{-1} \cdot s^{-2}$
줄	J	일, 에너지, 열량	$kg \cdot m^2 \cdot s^{-2}$
와트	W	일률, 전력, 동력	$kg \cdot m^2 \cdot s^{-3}$
쿨롱	C	전하량, 전기량	$A \cdot s$
볼트	V	전위차, 전압, 기전력	$kg \cdot m^2 \cdot s^{-3} \cdot A^{-1}$
패럿	F	전기 용량	$s^4 \cdot A^2 \cdot kg^{-1} \cdot m^{-2}$
옴	Ω	전기 저항	$kg \cdot m^2 \cdot s^{-3} \cdot A^{-2}$

단위 이해하기

지멘스	S	전기 전도율	$s^3 \cdot A^2 \cdot kg^{-1} \cdot m^{-2}$
웨버	Wb	자기력선속	$kg \cdot m^2 \cdot s^{-2} \cdot A^{-1}$
테슬라	T	자기력선속 밀도	$kg \cdot s^{-2} \cdot A^{-1}$
헨리	H	인덕턴스	$kg \cdot m^2 \cdot s^{-2} \cdot A^{-2}$
섭씨온도(셀시우스)	℃	섭씨온도	$K - 273.15$
루멘	lm	광선속	$cd \cdot sr$
럭스	lx	조도	$cd \cdot sr \cdot m^{-2}$
베크렐	Bq	방사능	s^{-1}
그레이	Gy	흡수선량	$m^2 \cdot s^{-2}$
시버트	Sv	선량 당량	$m^2 \cdot s^{-2}$
캐탈	kat	촉매 활성도	$mol \cdot s^{-1}$

여기서 처음 보는 단위도 있을 것이고, 잘 아는 단위도 있을 것이다. 모두 기억하기보다는 '아, 이런 체계로 단위가 만들어졌구나!' 하고 이해하면 된다.

하지만 다음에서 설명하는 접두어 중 몇 가지(별도의 색으로 표시한 접두어)는 기본적으로 꼭 알아야 한다. 접두어는 단어 앞에 붙여 의미를 첨가하는 말인데, 국제단위계에서 접두어는 크기를 표현하기 위해 사용한다.

SI 접두어			
접두어	기호	거듭제곱	십진수
요타	Y	10^{24}	1 000 000 000 000 000 000 000 000
제타	Z	10^{21}	1 000 000 000 000 000 000 000
엑사	E	10^{18}	1 000 000 000 000 000 000
페타	P	10^{15}	1 000 000 000 000 000
테라	T	10^{12}	1 000 000 000 000
기가	G	10^{9}	1 000 000 000
메가	M	10^{6}	1 000 000
킬로	k	10^{3}	1 000
헥토	h	10^{2}	100
데카	da	10^{1}	10
데시	d	10^{-1}	0.1
센티	c	10^{-2}	0.01
밀리	m	10^{-3}	0.001
마이크로	μ	10^{-6}	0.000 001
나노	n	10^{-9}	0.000 000 001
피코	p	10^{-12}	0.000 000 000 001
펨토	f	10^{-15}	0.000 000 000 000 001
아토	a	10^{-18}	0.000 000 000 000 000 001
젭토	z	10^{-21}	0.000 000 000 000 000 000 001
욕토	y	10^{-24}	0.000 000 000 000 000 000 000 001

단위 이해하기

3.5인치 플로피 디스크

접두어는 원래 16개였지만, 1991년 큰 단위 2개(제타, 요타)와
작은 단위 2개(젭토, 욕토)를 추가해 총 20개가 되었다. 1990년대
이후에 태어났다면 한컴오피스 한글에서 저장하기 아이콘(🖫)
이 실제 플로피 디스크의 디자인에서 왔다는 것을 잘 모를 것이
다. 학생들에게 실제 3.5인치 플로피 디스크를 보여 준 적이 있
는데, 정말 깜짝 놀라 해서 내가 더 놀랐던 기억이 있다.

1971년 저장 용량이 80킬로바이트(kB)인 플로피 디스크가
나온 이래, 1987년에는 1.44메가바이트(MB)가 주로 쓰였다. 여
기서도 국제단위계처럼 접두어를 사용하는데, k는 천(1,000)을 의
미하고, M은 백만(1,000,000)을 의미한다. 플로피 디스크에서 CD
나 MD 등을 거쳐 현재는 128기가바이트(GB) 용량의 USB와 8테

라바이트(TB) 용량의 외장 하드를 누구나 손쉽게 사용하고 있다. 대형 강입자 충돌기와 제임스 웹 우주망원경 등 과학기술 발전이 계속되는 상황에서 접두어의 확장은 어쩌면 반드시 필요한 과정이다.

국제단위계 외에도 사용이 용인된 단위들이 있다. 일상생활에서 쓰는 단위 중 국제단위계가 아닌 단위 대부분이 여기에 속할 것이다. 그 예로는 분(min), 시(h), 일(d), 에이유(au), 도(°), 분('), 초("), 헥타르(ha), 리터(L), 톤(t), 돌턴(Da), 전자볼트(eV), 네퍼(Np), 벨(B), 데시벨(dB) 등 15개의 비국제단위(비SI 단위)가 있다. 이밖에도 국내 의견에 따라 사용이 허용된 4개의 단위가 더 있다.

국제단위계의 기본단위와 유도단위, 그리고 접두어를 보다 보면 의아한 부분이 있다. 무게를 측정하는 기본단위가 그램(g)이 아닌 킬로그램(kg)이란 점이다.

또한 실수하기 쉬운 부분도 있다. 반점(,)과 온점(.)의 사용이다. 정수 부분과 소수 부분을 나누는 기호로 프랑스식은 반점을, 영국식은 온점을 쓴다. 즉 3.14는 영국식 표기법이다. 우리나라는 프랑스식 표기법을 거의 쓰지 않으므로 이것은 문제가 되지 않는다. 하지만 1,000그램처럼 1000 단위마다 반점을 찍어서 표기하는 것은 국제단위계에서 부적절한 표기법일 수 있다. 1,000그램은 영국식에서는 1킬로그램을 의미하지만, 프랑식으

단위 이해하기

로는 1그램을 의미하기 때문이다.

위와 같은 실수는 단위와는 직접적으로 관계가 없지만, 대소문자의 구분은 단위와 직접적으로 관계가 있다. 접두어는 기본적으로 1보다 클 때는 대문자로, 1보다 작을 때는 소문자로 표기한다. 하지만 k(킬로), h(헥토), de(데카)는 예외로 소문자로 표기해야 한다.

기본단위 7개에서 보면 A(암페어), K(켈빈)은 대문자로 표기하는데, 이는 과학자의 이름에서 유래했기 때문이다. 단위는 로마자 소문자를 사용하는 것이 원칙이지만, 기호가 고유명사로부터 유래된 것이면 로마자 대문자를 사용해야 한다.

사실 이 책은 여기서 가진 의문에서 시작했다.

단위가 된 과학자들

국제도량형위원회(CIPM)에서 과학자의 이름을 붙여 만든 단위를 인정했다면, 그 과학자들은 얼마나 대단한 업적을 세운 사람들일지 궁금했다. 과학자가 단위에 이름을 남긴다는 것은 그 과학자가 해당 과학 분야의 발전에 지대한 공헌을 했거나 혹은 우리 일상에 큰 변화를 가져왔다는 것을 의미하기 때문이다.

국제단위계의 기본단위와 유도단위에서 대문자로 시작하는 것을 찾아보고, 그중 사람 이름에서 시작하는 것을 정리하면 다음과 같다. SI 기본단위에 2개, SI 유도단위에 17개다. (옴은 로마자 대문자 O로 하려다가 숫자 0과의 혼동을 우려해 그리스 문자로 표기했다. 섭씨온도는 앞에 'º'가 붙으며, 섭씨온도 앞에는 크기를 나타내는 접두어를 쓰지 않는다.)

과학자의 이름에서 유래한 SI 단위				
단위 구분	명칭	기호	측정 대상	과학자 이름
SI 기본단위	암페어	A	전류	앙드레마리 앙페르
	켈빈	K	절대온도	켈빈 남작 윌리엄 톰슨
SI 유도단위	베크렐	Bq	방사능	앙리 베크렐
	섭씨온도 (셀시우스)	℃	온도	안데르스 셀시우스
	쿨롬	C	전하량	샤를 드 쿨롱
	패럿	F	전기 용량	마이클 패러데이
	그레이	Gy	흡수선량	루이스 해럴드 그레이
	헨리	H	인덕턴스	조지프 헨리
	헤르츠	Hz	진동수	하인리히 루돌프 헤르츠
	줄	J	일	제임스 프레스콧 줄
	뉴턴	N	힘	아이작 뉴턴
	옴	Ω	전기 저항	게오르크 옴
	파스칼	Pa	압력	블레즈 파스칼
	지멘스	S	전기 전도율	에른스트 베르너 폰 지멘스
	시버트	Sv	선량 당량	롤프 막시밀리안 시베르트

단위 이해하기

SI 유도단위	테슬라	T	자기력선속	니콜라 테슬라
	볼트	V	전압	알레산드로 볼타
	와트	W	일률	제임스 와트
	웨버	Wb	자기력선속	빌헬름 에두아르트 베버

이 외에도 비국제단위 중 과학자의 이름을 딴 단위로는 다음과 같은 것들이 있다.

과학자의 이름에서 유래한 비SI 단위			
명칭	기호	측정 대상	과학자 이름
길버트	Gb	기자력	윌리엄 길버트
네퍼	Np	비율	존 네이피어
토르	Torr	압력	에반젤리스타 토리첼리
갈	Gal	중력가속도	갈릴레오 갈릴레이
열씨온도	°Ré	온도	르네 레오뮈르
화씨온도	°F	온도	다니엘 가브리엘 파렌하이트
돌턴	Da	질량	존 돌턴
에르스텟	Oe	자장 강도	한스 크리스티안 외르스테드
가우스	G	자속 밀도	카를 프리드리히 가우스
란씨	°R	온도	윌리엄 존 맥콘 랜킨
맥스웰	Mx	자기력선속	제임스 클러크 맥스웰

단위는 일상 그 자체!

뢴트겐	R	방사선	빌헬름 콘라트 뢴트겐
데시벨	dB	소리의 세기	알렉산더 그레이엄 벨
퀴리	Ci	방사능	피에르 퀴리, 마리 퀴리

　　인물에서 유래한 모든 단위를 다루면 좋겠지만, 우리 삶과 비교적 가까워 자주 사용되거나, 생애가 흥미로운 과학자를 뽑았다. 그중에서도 생애에 관한 자료가 많이 남아 있지 않은 과학자는 아쉽게도 다루지 못했다.

1

가속도를 갈(Gal)

느껴 본 적 있어?

1564~1642

갈릴레오 갈릴레이

갈릴레오 갈릴레이

Galileo Galilei

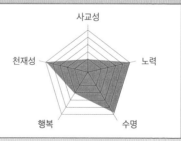

용기와 지혜,
그게 바로 나야!

프로필

출생·사망	1564년~1642년
국적	이탈리아
직업	물리학자, 천문학자, 수학자, 발명가
특이사항	중세 유럽의 일타 강사

이름에서 유래한 단위

단위 종류	비SI 단위
측정 대상	가속도
쓰는 법	Gal
읽는 법	갈

연관 검색어

태양 중심설(지동설)

굴절망원경

갈릴레이 위성(목성의 위성)

종교재판

재미로 보는 인물 그래프

사교성

노력

수명

행복

천재성

학생들에게 가장 헷갈리는 과학자 이름을 물어보면 '갈릴레이'를 뽑는다. 나는 그럴 때 이렇게 기억하라고 가르치곤 한다. '오이 갈레?' 앞(이름)이 '오', 뒤(성)가 '이'라는 것을 강조한 암기법이다. 우리나라와 달리 외국의 많은 나라는 이름을 앞에 쓰고 성을 뒤에 쓴다. 그러니 '갈릴레이'라고 부르는 것은 홍길동의 '홍'을 부르는 것과 같은 셈이다. 갈릴레이 집안에 워낙 유명한 인물이 많지만, 갈릴레오 갈릴레이가 가장 큰 업적을 남겼기에 우리가 부르는 갈릴레이는 그를 가리킨다.

학생들은 갈릴레이를 레오나르도 다빈치와 자주 혼동한다. 둘 다 이탈리아 사람이고, 발명이나 물리학 연구를 했다는 점에서 공통점이 많은 것도 사실이다. 다빈치는 갈릴레이보다 약 110여 년 먼저 태어났으며, 발명가이자 건축가, 음악가, 해부학자, 화가로 유명하다. 〈모나리자〉나 〈최후의 만찬〉 등의 미술 작품으로 다빈치를 떠올린다면 헷갈릴 일은 없을 것이다. 하지만 그의 연구 노트에 기록된 비행기, 낙하산, 헬리콥터 스케치나 파동 운동 이론 등으로 그를 기억한다면 다빈치와 갈릴레이를 혼동할 만하다.

가난도 막지 못한 수학 사랑

갈릴레이는 이탈리아 피사에서 몰락한 귀족의 장남으로 태어났다. 장남의 무게와 가난의 고통은 어려서부터 그를 괴롭혔다. 갈릴레이의 아버지는 궁중 전속 음악가이자 수학자였고, 어머니는 의류 사업을 했지만 가난했다. 그의 부모는 그에게 물질적인 것은 물려주지 못했어도 가장 중요한 가르침을 주었다. 바로 타협하지 않는 용기와 지혜였다. 그의 아버지는 음악에 대한 혁명적인 생각을 품었다. "진리를 구하기 위해서라면 어떤 권위와도 맞서서 싸울 용기와 지혜를 가져야 한다"고 갈릴레이에게 가르친 것도 그의 아버지이다. 이 가르침은 후에 갈릴레이가 '싸움꾼', '토론쟁이'라는 소리를 들어 가면서, 심지어는 종교재판에 회부되면서도 새로운 학문을 연구하고 토론하며 집필하는 원동력이 되었다.

1574년 열 살이 된 갈릴레이는 발론브로사 예수회 수도원 학교에 들어가 그곳에서 수학, 물리학, 음악, 미술, 문학 등을 배웠다. 독실한 기독교인이었던 그는 열네 살에 예수회 신부가 되려고 수련 과정에 들어갔지만 아버지의 반대로 피렌체로 돌아왔고, 열일곱 살 때 피사 대학교 의학부에 입학했다. 그의 아버지는 그가 의사가 되길 원했다. 하지만 갈릴레이는 의학부에 들어가서도 수학을 더 좋아했다. 결국 2년 후 전공을 수학으로 바꿨으며, 그 이후에는 대학을 중퇴하기까지 했다. 지금은 대학을 중퇴하는 것이 큰일이지만 그 당시에는 흔한 일이었다.

갈릴레이는 1589년부터 1591년까지 3년간 피사 대학교의 수학 강사로 근무했다. 강사 급여는 적었지만 개인 교습을 하면서 근근이 생활을 이어 갈 수 있었다. 하지만 그의 태도가 결국 발목을 잡았다. 재임용이 되지 못한 것이다. 그 당시 대학인들은 항상 긴 가운을 입었는데, 그는 그것을 비판하며 입지 않았고, 그 지역 정치가의 정책을 비판하기도 했다. 1591년 아버지가 사망하면서 가장이 된 후로는 친구인 구이도발도 달 몬테 후작의 후원으로 그다음 해 파도바 대학교의 수학 교수가 되었다. 교수가 되어도 그의 삶은 궁핍했다. 여동생의 결혼 지참금을 마련하느라 막대한 빚까지 지게 되었다.

갈릴레이는 18년간 파도바 대학교에 근무했다. 그동안 군사 공학, 역학, 천문학 과목의 개인 교습을 하거나 여러 교재를 집필하면서 빚을 갚아 나갔다. 파도바 대학교를 그만두고 나서는 피렌체와 피사 등의 지방을 아우르는 토스카나 지역 대공의 개인 수학자가 되었다. 경제적으로 안정된 삶을 바탕으로 연구와 집필에 매진하고자 한 것으로 보인다.

학생들이 과학을 배우면서 가장 많이 하는 이야기가 수학 없이 과학만 따로 배우면 안 되냐는 것이다. 사실 수학을 좋아하지 않는 과학 전공자로서 이 말에 공감이 많이 된다. 하지만 과학과 수학은 떼려야 뗄 수 없는 관계다. 이는 갈릴레이에 의해 본격적으로 시작되었다. 자연 세계가 수학으로 표현될 수 있음을 처음으로 보여 준 것이 갈릴레이의 최대 업적이라고 말하는 학자도 있으니 말이다.

열아홉 살 때 발견한 진자의 원리

피사 대학교를 다니던 1583년에 갈릴레이는 중요한 발견을 한다. 그의 나이 열아홉 살 때다. 주변 사물에 호기심이 넘치는 의학부 학생으로서 수학을 좋아했기에 할 수 있는 발견이었다. 그 중요한 발견을 알아보기 전에 한번 상상해 보자.

공기가 없는 진공 상태에서 실에 추를 매달고, 그 추를 약 10센티미터 오른쪽으로 들어 올렸다가 놓으면 어떻게 될까? 당연히 반대편으로 이동한 뒤 왔다 갔다를 반복할 것이다. 그럼 이번에는 다른 조건은 모두 같게 한 상태에서 추를 20센티미터만큼 들어 올렸다가 놓으면 어떤 현상이 생길까? 이번에도 반대쪽으로 20센티미터까지 올라갔다가 왕복 운동을 할 것이다. 너무 당연한 것을 물었다면 이 질문에 답해 보자. 두 실험에서 추가 출발점까지 돌아오는 데 걸리는 시간을 측정해서 비교해 보는 것이다. 어떤 경우가 더 오래 걸릴까? 그리고 시계가 없다면 무엇으로 시간을 측정할까?

　　많은 학생이 "당연히 20센티미터 올린 추가 10센티미터 올린 추보다 왕복 시간이 오래 걸릴 것이다"라고 답한다. "시계가 없다면 무엇으로 시간을 측정할까?"라는 질문에는 "시계가 없으면 스마트폰을 사용하거나 입으로 숫자를 세면서 측정하면 된다"고 대답한다. 여러분의 대답은 어떠한가?

　　갈릴레이의 답은 "두 추가 출발점으로 돌아오는 시간은 같으며, 시계가 없다면 맥박을 이용한다"이다. 추를 들어올린 높이와 상관없이 왕복 시간이 같은 것을 '진자의 등시성'이라 한다. 정리하면 모든 진자는 흔들리는 폭이 크거나 작거나 관계없이 왕복 운동에 걸리는 시간, 즉 **주기**가 항상 같다는 것이다. 단, 주의할 것은 실의 길이가 달라지면 시간이 달라진다. 실이 길어지면 **진폭**이 커져서 주기가 커지기 때문이다.

　　피사 대성당의 예배에 참석한 갈릴레이가 우연히 천장에 매달린 샹들리에가 바람에 흔들리는 모습을 보고 맥박을 이용해 진자의 등시성을 발견했다는 일화가 있다. 사실이 아닐 것이라는 의견도 있는데, 대성당의 샹들리에는 그가 진자의 등시성을 발견하고 2년 뒤에 설치되었다는 기록이 있기 때문이다. 사실 여부를 떠나 그는 열아홉 살의 나이에 진자의 등시성을 알아내 주기를 수학 공식으로 유도했다. 그 공식은 현재의 공식과 거

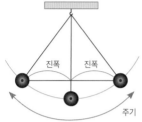
의 근접해 있다. 진자의 등시성을 활용해 만든 것이 추가 움직이는 괘종시계다.

유럽의 일타 강사? 싸움꾼?

정류장에서 버스를 기다리다 보면, '일타 강사 ○○○!'라는 광고를 자주 보게 된다. 중세 유럽에 '일타 강사'라는 말이 있었다면 단연코 갈릴레이가 일타 강사였을 것이다. 아버지에게서 물려받은 비판적 태도와 논쟁 실력 덕에 그는 많은 업적을 쌓았고, 당대 최고의 강사가 되었다. 그의 강의실은 전 유럽에서 온

학생으로 가득 찼으며, 교육계와 종교계를 비롯한 사회 전반에 지지자가 넘쳐났다. 그는 기존의 연구를 비판 없이 수용하는 현실을 안타까워했고, 교수가 공부하지 않고 지위를 이용해 악덕을 쌓는다며 비판했다. 그의 인기가 높아질수록 그를 질투하는 교수와 종교인 들도 늘어났다. 결국 그는 피사 대학교와 파도바 대학교뿐 아니라 각종 학회에서 따돌림을 당했다. 당대 최고의 지식인들이 논쟁에서 그에게 졌으니 적이 많을 수밖에 없었다.

갈릴레이가 살던 1600년대 전후의 교육은 고대 그리스 철학자 아리스토텔레스의 다양한 이론을 전달하는 데 초점이 맞춰져 있었다. 아리스토텔레스가 기원전 384년에 태어난 사람임을 고려하면, 약 2,000년 전의 이론을 비판 없이 가르친 것이었다. 갈릴레이는 대학에서 이 내용을 배우고 학생들에게 가르치면서 의문을 품게 되었다.

플라톤의 제자였던 아리스토텔레스는 동물학, 생물학, 물리학, 윤리학, 논리학, 수사, 정치 등 다양한 분야의 책을 저술했다. 세계 최초의 동물원을 만들었다고도 한다. 그의 영향력은 엄청났다. 갈릴레이와 아이작 뉴턴이 등장하기까지 약 2,000년 동안 막대한 힘을 발휘했으며, 그의 윤리학을 비롯한 많은 연구는 지금까지 영향을 미치고 있다.

갈릴레오가 살던 1600년대에는 아리스토텔레스의 이론이 절대적이었다. 더 정확히 이야기하면, 그의 이론 중 이교도적인 내용을 제외한 기독교 전통에 의해 해석된 이론이 주를 이루었다. 중세의 기독교는 아리스토텔레스의 철학을 받아들여 신학을 세우는 데 이용했기 때문에 그에 대한 의심은 곧 교회에 대한 의심으로 비치기에 충분했다.

갈릴레이는 낡은 이론에 대한 비판과 새로운 이론의 창조야말로 학문의 존재 이유라고 생각했다. 그는 자신의 생각을 꾸준히 연구하고 발표해 나갔다. 1586년 그는 최초의 논문 〈작은 천칭〉을 발표했는데, 이 논문은 아르키메데스가 발견한 부력의 원리에 관한 내용이었다. 1590년에는 낙하하는 물체에 대한 논문인 〈운동에 관하여〉를 발표했는데, 이 논문은 그의 삶의 방향성을 바꾸는 시작점이 되었다.

피사의 사탑 실험의 진실

갈릴레이를 이야기할 때 빠지지 않는 것이 피사의 사탑이다. 1590년 높이 55미터의 기울어진 탑인 피사의 사탑에서 무게가 다른 공 두 개를 떨어뜨려 속도를 비교하는 실험을 했다는 이야기가 유명하다. 하지만 이는 사실이 아닐 가능성이 크다. 갈릴레이는 마지막 저서인 《두 우주 체계에 관한 대화》에서 높이 100미터의 탑에서 포탄과 작은 총알을 동시에 떨어뜨리면 약 20센티미터 정도의 차이로 거의 동시에 떨어진다고 서술했지만, 피사의 사탑에서 실제 실험을 했다는 내용은 없다. 만약 실제로 실험을 했다면 그것을 직접 본 사람도 많았을 것이고 기록도 했을 것인데, 어떤 기록도 남아 있지 않다. 오히려 네덜란드의 수학자 시몬 스테빈이 1586년 높이 10미터 정도에서 무게가 열 배 차이나는 공을 떨어뜨렸더니 거의 동시에 떨어졌다는 이야기가 기록으로 전해진다. 그래서 피사의 사탑 실험은 갈릴레이의 마지막 제자이자 그의 전기를 쓴 빈센조 비비아니가 꾸며 낸 이야기라는 의견이 대부분이다.

앞에서 언급했듯이 갈릴레이가 살던 시대에는 아리스토텔레스의 이론이 절대적이었다. 아리스토텔레스는 낙하하는 물체가 열 배 무거우면 열 배 빨리 떨어진다는 낙하의 법칙을 주장했고, 당시 사람들은 이를 의심 없이 믿었다. 사실 지금도 무거운 물체가 가벼운 물체보다 빨리 떨어진다고 생각하는 사람이 많다. 쇠공과 깃털을 동시에 같은 높이에서 떨어뜨리면 당연히 쇠공이 먼저 떨어진다는 것을 경험을 해봐 알기 때문이다. 여기에서 간과한 사실은 공기의 저항이다. 공기의 저항 때문에 깃털이 천천히 떨어지는 것이지, 공기가 없는 진공 상태에서는 깃털과 쇠공은 동시에 떨어진다.

현재를 살아가는 우리 학생들에게 이 내용을 이해시키는

데도 한참이 걸리는 마당에, 중세에 그것도 아리스토텔레스의 이론이 신성시되던 시기에 사람들을 이해시키는 것은 너무나도 힘들고 위험했을 것이다.

만약 갈릴레이가 피사의 사탑에서 직접 실험해 그의 이론을 증명해 냈다면 아리스토텔레스의 이론을 공개적으로 비판한 것이 되고, 결국은 교회에 대한 도전이 되기 때문이다. 이는 그의 생존을 위협하는 엄청난 일이었다. 실제로 이런 이유로 지구 중심설을 부정했던 코페르니쿠스는 30년간 연구한 결과를 담은 저서 《천구의 회전에 관하여》를 죽은 후에 출판하도록 했다. 갈릴레이도 나중에 코페르니쿠스의 이론에 동조했다는 이유로 종교재판에 회부된다. 이 외에도 지구 중심설을 부정했던 이탈리아의 신학자이자 철학자 조르다노 브루노는 주장을 굽히지 않아 1600년에 화형당하기도 했다.

피사의 사탑에서 실제 실험을 하지는 않았지만, 갈릴레이는 쇠구슬을 이용한 여러 운동을 실험했다. 물체를 낙하시키는 것은 눈으로 관찰하기 힘들었으므로 경사면을 이용해서 실험을 실험했다. 경사면은 상대적으로 관찰이 쉬웠기 때문이다. 그는 기울기가 다른 경사면에 홈을 파서 준비하고, 경사면의 여러 구간에 간격을 표시했다. 그리고 같은 거리를 이동할 때의 시간을 측정했다. 그때는 정확한 시계가 없었는데, 그는 물시계를 만들

피사의 사탑
1173년 건축되고 얼마 뒤부터 기울어지기 시작해
현재 남쪽으로 5.5도 기울어 있다.

어 물통에서 떨어지는 물을 받아 그 무게로 시간을 측정했다. 동일한 조건에서 100번 이상 실험했으며, 쇠공의 무게를 달리해서도 실험함으로써 한 가지 결론을 얻을 수 있었다.

"물체가 이동한 거리는 시간의 제곱에 비례한다." 즉 가속도 운동의 법칙을 발견한 것이다. 이 발견은 훗날 뉴턴의 관성의 법칙, 알베르트 아인슈타인의 상대성 이론 등으로 이어졌다. 만유인력의 존재를 모른 갈릴레이가 실험을 통해 가속도를 증명했고, 이를 이론으로 정리한 것이 뉴턴이다. 가속도를 표현하는 단위로 갈(Gal)을 사용한 것은 그의 이런 업적을 기리기 위해서이다. 갈릴레이는 끊임없는 실험과 증명을 통해 진리에 접근하고자 했다. 이런 이유로 그를 '근대 과학의 아버지'라고 부른다.

종교재판 단골이 되다

갈릴레이는 1609년 20배율의 망원경을 만들었다. 이 망원경은 그를 새로운 세계로 이끄는 이정표가 되었지만, 동시에 그를 종교재판에 세우게 한 독이 든 성배가 되기도 했다. 갈릴레이는 배율이 더 높은 망원경을 계속 만들었다. 그의 망원경이 최초로 향한 곳은 달이었다. 아리스토텔레스는 달이 특징 없는 천체라고 말했지만, 갈릴레이가 바라본 달은 전혀 다른 곳이었다. 산과 골짜기, 분화구가 관찰되었다. 그의 발견은 계속되었다. 은하수가 여러 별로 이루어져 있다는 것도 발견했으며, **목성의 위성** 네 개도 발견했다.

목성의 위성 발견은 갈릴레이가 태양 중심설(지동설)을 믿게 하는 또 하나의 계기가 되었다. 그해 3월 갈릴레이는 《별들의 소식》이라는 책을 통해 자신이 관찰한 것을 발표했고, 여기에 자신이 생각하는 태양계 모델을 제시하면서 교회의 지구 중심설

(천동설)에 반대되는 의견을 공식화했다. 망원경을 이용해 금성이 달처럼 모양이 변하는 위상변화를 관찰한 뒤 그는 금성이 태양 주변을 돈다는 것을 확신했으며, 태양의 흑점을 관찰함으로써 태양이 자전한다는 것도 알아냈다.

1613년 《태양 흑점론》을 출간한 뒤 그는 처음으로 종교재판에 회부되었다. 그로부터 2년 후 그는 자신에 반대하는 카톨릭 신부에 의해 또 한 번 종교재판에 회부되었고, 태양 중심설을 지지하거나 가르치지 않는다는 조건으로 경고 처분을 받았다.

갈릴레이를 향한 하늘의 계시였는지 시험이었는지, 종교재판 후 자숙하고 있던 그를 움직인 사건이 일어난다. 1618년 세 개의 혜성이 나타난 것이다. 세 혜성 중 하나는 유독 밝아 밤에 맨눈으로도 관찰할 수 있을 정도였다. 당시 신부이자 천문학자인 오라치오 그라시는 혜성이 행성의 일종이라고 주장했다. 이는 아리스토텔레스가 혜성은 단지 달과 지구 사이의 공기 이상

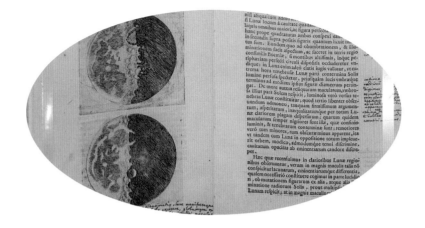

갈릴레이가 그린 달 그림
갈릴레이가 만든 망원경이 가장 먼저 향한 곳은 달이었다.

현상일 뿐이라는 의견에는 반했다. 하지만 별과 행성은 완전하기 때문에 변화하지 않는다는 내용은 아리스토텔레스의 의견을 계승한 주장이었다. 학문에 대한 열정 혹은 타고난 싸움꾼 기질이 있어서였는지 갈릴레이는 그라시의 주장을 반박했고, 그를 비롯한 많은 종교학자의 무지를 조롱했다. 급기야 갈릴레이는 아리스토텔레스의 이론을 공격하는 내용을 담은 《분석자》라는 책을 출간했다. 이 책에는 코페르니쿠스의 이론을 담지 않았기에 발간될 수 있었고, 그 결과 대성공을 거두었다.

그는 이후 6년을 준비해 《두 우주 체계에 관한 대화》라는 책을 완성했다. 이 책으로 그는 다시 종교재판에 불려 갔다. 이 책은 갈릴레이의 인생만큼이나 우여곡절을 거쳤다. 1630년 완성되었지만, 교황청의 검열을 거쳐 1632년 2월 출판되었다가 8월에 다시 출판 금지가 되었다. 그 후 몰래 프랑스와 네덜란드 등을 거쳐 1635년 유럽 전역에 출판되었다. 출판사는 서문에 갈릴레이가 이 책이 출판된다는 사실을 모른다는 내용을 담아 그를 보호했다. 이 책에 대한 출판 금지는 약 200년 뒤인 1835년에야 풀렸다.

《두 우주 체계에 관한 대화》는 세 명의 사람이 나흘 동안 토론하는 내용을 담고 있다. 라틴어가 아닌 이탈리아어로 쓰였고, 읽기 쉬웠으며, 형식이 신선해서 더 많은 인기를 끌었다. 그의 책이 얼마나 인기가 있었는지 금서가 된 이후에도 열 배가 넘는 값으로 암시장에서 팔렸다는 말이 있을 정도였다. 책에 등장하는 세 명의 사람은 각각 아리스토텔레스를 지지하는 사람, 코페르니쿠스를 지지하는 사람, 지적 수준이 높은 이탈리아의 보통 사람이었다.

《두 우주 체계에 관한 대화》인기가 높아지고 사람들이 태양 중심설을 자연스럽게 받아들이자 문제의 심각성을 안 교황청은 이 책의 출판을 금지했다. 교황청 내 갈릴레이의 반대파들은 교황에게 책 속의 아리스토텔레스를 믿는 사람이 교황을 가리키고, 갈릴레이가 책을 통해 교황을 조롱했다며 부추겼다. 가뜩이나 가톨릭 교회와 개신교 간의 전쟁인 30년 전쟁으로 입지가 불안했던 교황은 이러한 상황을 그냥 넘길 수 없었다. 갈릴레이를 다시 종교재판에 세웠다.

1633년 6월 갈릴레이는 성서에 손을 얹고 태양 중심설에 대한 파기 선언을 강요받았다. 또한 3년 동안 매주 한 번씩 일곱 개의 참회 시편을 외우라는 명령받았으며, 가택연금에 처했다. 이 재판장에서 갈릴레이가 "그래도 지구는 돈다"라는 유명한 말을 했다고 알려졌지만, 이는 사실이 아닐 것이다. 그가 그 자리에서 그런 말을 했다면 아마도 그는 지구 중심설을 부정해 화형당한 브루노와 같은 길을 걸었을 것이기 때문이다. 이 종교재판의 결과를 두고 갈릴레이가 자신의 목숨을 이어 가기 위해 학자로서의 신념을 버렸다고 비판하는 사람도 있었지만, 그는 죽을 때까지 학자로서 자신의 방식으로 신념을 지켜 나갔다.

자연과학의 레전드가 되기까지

노쇠한 몸을 이끌고 종교재판을 위해 추운 겨울 이탈리아 로마로 향했던 갈릴레이는 관절염과 불면증으로 건강을 잃었다. 1637년에는 눈병으로 여섯 달 만에 시력을 모두 잃었다. 건강이 악화된 상황에서도 그는 노력을 다했다. 그다음 해에 비밀리에

《새로운 두 과학》을 완성했다. 책을 공식적으로 낼 수 없는 상황이었기에 그는 교회를 피해 네덜란드에서 책을 출간했지만 곧바로 금서가 되고 말았다.

수리물리학을 다루는 《새로운 두 과학》은 《두 우주 체계에 관한 대화》처럼 세 사람이 대화를 나누는 형식으로 진행된다. 이 책에서 갈릴레이는 아리스토텔레스의 이론을 부정하며, 지구상의 모든 운동을 수학적으로 분석하고 실험을 통해 증명하고자 했다. 실험은 실제로 실시한 것도 있고, 생각을 통해 진행한 사고실험도 있었다. 이 책은 후에 뉴턴의 운동 제1법칙인 관성의 법칙으로 이어지게 된다.

시력을 잃은 갈릴레이는 아들 빈센조, 훗날 자신의 전기를 쓴 비비아니, 그리고 제자인 에반젤리스타 토리첼리의 도움을 받으며 다양한 연구를 계속했다. 진자 시계를 설계하고 목성 위성의 위치를 계산하는 계산기 등을 개발하는 데 힘썼다.

《새로운 두 과학》 출간 후 4년 뒤 갈릴레이는 일흔여덟 살

> ### ⚙ 지식 더하기 ⊗ ⊖ ⊘
>
> 에반젤리스타 토리첼리
> 갈릴레이의 제자로 수은기압계와 진공 상태의 발견에 큰 기여를 했다. 토리첼리는 수은 유리관을 뒤집었을 때 유리관 속 수은이 항상 760밀리미터까지만 올라가는 것을 발견했고, 이것을 1대기압(atm)으로 정의했다. 압력을 표기하는 다른 단위인 토르(Torr)는 토리첼리의 이름을 딴 것이다. 1대기압은 760토르다.

의 나이로 사망한다. 그는 위대한 과학자였지만, 종교재판의 영향으로 성당 안 묘지에 안장되지 못하고 예배당 아래 종탑에 비석도 없이 묻혔다고 한다. 후에 산타크로체 교회로 이장된 것으로 보이지만, 이마저도 1960년대에 발견되었다.

갈릴레이는 죽은 뒤에도 교회로부터 인정받지 못하다가 1992년에야 교황청 과학원 공식회의에서 파문(카톨릭에서 신도로서 자격을 박탈하는 일)이 해제되었다. 제2차 종교재판 이후 무려 359년 만의 일이었다. 그는 사후까지 오랫동안 탄압받았지만, 그가 남긴 업적은 2,000년 동안 정체되어 있던 자연철학을 자연과학으

《새로운 두 과학》
이 책에서 말하는 새로운 두 과학이란
'고체의 강도에 대한 이론'과 '물체의 낙하 법칙'이다.

로 발전시키는 계기가 되었다.

뉴턴은 "케플러와 갈릴레이의 어깨 위에 내가 서 있다"라고 말했으며, 아인슈타인은 "아리스토텔레스에서 갈릴레오 갈릴레이로 넘어감으로써 자연과학은 가장 중요한 기둥 하나를 세웠다. 이 한 걸음이 이루어졌기 때문에 과학은 발전할 수 있었다"라고 말했다. 그뿐만 아니라 영국의 철학자 토머스 홉스는 "갈릴레오 갈릴레이는 우리에게 보편적인 자연철학의 문을 열어 준 최초의 사람이다"라고 평했다.

태양 중심설을 지지하고, 수학적 분석을 바탕으로 진자의 등시성과 가속도 운동을 발견한 갈릴레이야말로 진정한 자연과학의 아버지라고 할 수 있을 것이다.

갈? 갈릴레이? 갤런?

갈릴레이의 이름을 딴 단위는 '갈(Gal)'이라고 읽으며, 정식 명칭은 갈릴레오(Galileo)다. 보통 지진 발생 시 진동의 가속도를 측정할 때 사용한다. 1갈은 1제곱초당센티미터(1cm/s²) 혹은 0.01제곱초당미터(0.01m/s²)다. 우리가 익히 알고 있는 지구의 중력가속도인 9.8제곱초당미터는 980갈이다.

우리는 평소 중력가속도를 비롯한 가속도를 거의 느끼지 못한 채 살고 있지만, 가속도는 생각보다 우리 삶 가까이에 있다. 우리가 늘 가지고 다니는 스마트폰에도 가속도 센서가 들어 있다. 가속도 센서는 지구의 중력가속도를 기준으로 사물이 얼마만큼의 힘을 받고 있는지를 측정한다. 스마트폰의 걸음걸이 수를 측정하는 만보기 앱은 이 센서를 사용한다.

자동차가 급출발하거나 급정지할 때도 가속도를 느낄 수 있다. 놀이기구인 '디스코팡팡'을 보면 사람들이 자리에서 튕겨져 나오는 것을 볼 수 있는데 이 역시 가속도 때문이다. 수치로 표현해 보면, 시속 100킬로미터로 달리는 자동차가 약 3초 만에 급정거하면, 승객들은 지구 중력가속도 크기인 약 9.8제곱초당미터 혹은 약 980갈만큼의 가속도를 느끼게 된다. 디스코팡팡의 가속도는 1제곱초당미터, 즉 100갈만큼을 느끼게 되는 것이다.

사실 우리는 일상에서 갈이란 단위를 거의 사용하지 않는다. 말했듯이 갈은 지진이 일이 났을 때 주로 쓰기 때문이다. 우리가 지진을 설명할 때 사용하는 '진도'라는 표현은 각 지역이 흔들린 정도를 의미하며, '리히터 규모'는 지진의 규모를 나타낸다. 지진이 발생한 진원에서 멀어질수록 흔들림이 작아져 진도는 작아지지만, 리히터는 지진의 절대적 세기를 나타내기 때문에 변화하지 않는다. 2011년 일어난 동일본 대지진은 9.0리히터 규모 이상이었고, 최대 가속도가 1000갈 이상이었다고 한다.

소문자로 시작하는 'gal'이라는 단위도 있다. 바로 갤런(gallon)이다. 갤런은 양동이를 의미하는데, 우리나라에서는 부피를 측정하는 데 리터(ℓ)를 많이 사용하지만, 영국과 미국 등 일부 영어권 국가에서는 갤런(gal)을 더 많이 쓴다. 갤런은 영국 단위법으로, 일명 야드파운드법에 속한다.

갈과 갤런을 동시에 쓰는 경우는 매우 드물기 때문에, 대소문자 구분 없이 혼용하는 경우가 있다. 하지만 갈은 대문자로 시작하는 'Gal'로 표기하며, 갤런은 소문자로 시작하는 'gal'로 표기해야 한다.

2

힘이

뉴턴(N)

얼마나 센지 재볼래?

1643~1727

아 이 작
뉴 턴

아이작 뉴턴

Isaac Newton

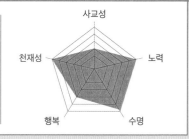

독서와 탐구가
나를 만들었지

프로필

출생·사망	1643년~1727년
국적	영국
직업	수학자, 물리학자, 천문학자
특이사항	낮에는 과학자, 밤에는 연금술사

이름에서 유래한 단위

단위 종류	SI 유도단위
측정 대상	힘
쓰는 법	N
읽는 법	뉴턴

연관 검색어

만유인력의 법칙

운동의 3법칙

미적분학

광학(프리즘)

사과

재미로 보는 인물 그래프

사교성

천재성

노력

행복

수명

'사과'하면 어떤 단어가 먼저 떠오르는가? 많은 사람이 미국의 기업 애플, 동화《백설공주》에 나오는 독이 발라진 사과 등을 떠올린다. 아주 가끔 뉴턴의 사과가 나온다. 세계 인구의 70퍼센트가 스마트 기기를 사용하는 요즘 같은 시대에 '사과'에서 애플사를 떠올리는 것은 어쩌면 당연한 일이겠다.

반대로 '뉴턴'하면 떠오르는 단어는 단연 '사과'가 가장 많을 것이다. 그런데 널리 알려진 사실과 달리 뉴턴은 떨어지는 사과에서 영감을 받아 만유인력의 법칙을 발견했다고 밝힌 적이 없다. 지인들의 기록에 그 내용이 남아 있을 뿐이다.

다만 뉴턴이 머물던 집에 가면 켄트의 꽃^{Flower of Kent}이라는 종의 사과나무가 있다. 뉴턴은 평생 독신으로 살았기에 자손은 없지만, 그에게 영감을 준 사과나무의 후손은 세계 곳곳에 남아 있다. 뉴턴의 생가에 남아 있는 사과나무는 엘리자베스 2세 영국 여왕의 즉위 50년인 2002년에 '영국에서 가장 위대한 나무'로 선정되기도 했다.

크리스마스가 생일이라고?

뉴턴은 1643년 1월 4일 잉글랜드 동부 링컨셔 울즈소프에서 태어났다. 공교롭게도 갈릴레오 갈릴레이가 사망하고(1642년 1월 8일) 거의 1년 만에 그가 태어난 것이다. 그가 성탄절인 1642년 12월 25일에 태어났다는 기록도 있는데, 이는 고대 로마의 정치가 율리우스 카이사르가 기원전 46년에 만든 태양력 역법인 율리우스력에 따른 것이다. 현재 우리나라를 비롯한 대부분 나라는 1582년 교황 그레고리오 13세가 만든 그레고리력을 사용한다. 그레고리력에 따르면 뉴턴은 1643년 1월 4일에 태어난 것이다.

일부 책에서는 갈릴레이가 죽고 정확히 1년 뒤에 뉴턴이 태어났다고 쓰여 있기도 하고, 같은 해에 갈릴레이가 죽고 뉴턴이 태어났다고 해서 1643년을 과학사에서 중요하게 다루기도 한다. 왜 이런 혼동이 생겼을까? 가톨릭을 믿는 대부분의 나라가 그레고리력이 만들어진 1582년부터 그레고리력을 사용했지만, 영국 성공회를 믿는 영국은 그로부터 약 200년이 지나서야 그레고리력을 채택했기 때문이다. 앞서 말했듯이 뉴턴이 태어난 시점이 율리우스력으로는 1642년, 그레고리력으로는 1643년이므로 혼동되기 쉬웠다.

다시 정리하면, 뉴턴의 생일은 율리우스력으로 1642년 12월 25일이고, 그레고리력으로 1643년 1월 4일이다. 당시 영국은 율리우스력을 쓰고 있었다. 갈릴레이의 사망일은 율리우스력으로

1641년 12월 29일이고, 그레고리력으로 1642년 1월 8일이다. 당시 이탈리아는 그레고리력 사용했으니, 둘의 연관성을 억지로 연결한 것에 불과하다.

흥미로운 사실은 현재 사용 중인 그레고리력을 기준으로 했을 때 영국의 이론물리학자 스티븐 호킹의 생일은 1942년 1월 8일로 갈릴레이의 사망일에서 정확히 300년 뒤이다. 또한 그의 사망일은 2018년 3월 14일로 아인슈타인의 생일(1879년 3월 14일)과 같다. 숫자를 좋아하는 과학자 혹은 역사가에 의해 연결된 그들의 우연은 다소 억지스럽지만, 천재적인 과학자들이 연달아 나타나며 자연과학의 발전을 이어 갔다는 점은 과학사에서 중요하다고 생각한다.

비운의 칠삭둥이

뉴턴은 유복자였다. 즉 아버지가 돌아가신 뒤에 태어난 아이였다. 심지어 열 달을 다 채우지 못하고 태어났기에 어릴 때부터 왜소하고 건강하지 못했다.

뉴턴의 아버지는 자작농인 요먼 계급이었다. 남의 땅을 빌려 농사를 짓는 사람이 아니라 자기 소유의 땅에 농사를 짓는 사람이었던 것이다. 그런데 아버지가 일찍 세상을 떠난 바람에 남편 없이 스스로 생계를 꾸리기 힘들었던 뉴턴의 어머니는 나이 많은 목사와 재혼을 했다. 뉴턴의 나이 세 살 때였다. 뉴턴의 어머니는 뉴턴을 외할머니에게 맡긴 채 떠났다. 어머니를 뺏겼다고 생각한 뉴턴은 새아버지를 싫어했다. 그때의 기억은 그가 쓴 〈열아홉 살까지의 죄〉라는 목록에 적혀 있다. 어머니가 재혼한지 8년 뒤 새아버지가 죽자 어머니는 다른 세 명의 동생과 집으로 돌아왔다. 그리고 뉴턴의 집안은 중산층 지주인 젠트리 계급이 되었다.

타고난 호기심과 손재주

뉴턴은 어머니와 함께 살지 못했기에 혼자만의 시간을 많이 보냈다. 그 탓에 평생 혼잣말을 하는 습관이 생겼을 정도다. 뉴턴은 농장에서 자라면서 주변에 관심을 가졌고, 호기심이 많았다. 그 호기심 때문에 생긴 여러 일화가 전해진다.

바람이 많이 부는 날 창고 문을 닫으라는 심부름을 하러 가서는 바람의 힘에 호기심을 느낀 나머지 2층에서 반복해서 뛰어내린 것이다. 바람의 세기를 몸으로 체험하느라 정작 창고 문을 닫는 것을 잊었고, 결국 거센 바람에 창고문이 날아갔다고 한다. 또 말을 끌고 심부름을 갔다가 주변을 관찰하며 생각에 잠긴 사이에 말을 잃어버린 적도 있다고 한다.

뉴턴은 다섯 살 때부터 학교에 다니기 시작했다. 공부를 잘

하지는 못했지만 호기심이 많아 다소 엉뚱한 행동을 했으며, 친구들과 지내기보다는 혼자 생각에 빠져 지내곤 했다. 친구들과의 논쟁이 생기면 몸싸움 대신 말로 자신의 의견을 표현했다고도 알려진다. 어린 시절 뉴턴은 손재주도 좋고 발명에도 소질을 보였다. 아주 어려서부터 작은 가구에서부터 농장에서 사용하는 많은 기구를 고치고 만드는 일을 했다.

다시 집으로 돌아온 어머니는 뉴턴이 학교를 그만두도록 했다. 농장 경영을 맡기기 위해 고향인 링컨셔로 돌아오게 한 것이다. 하지만 뉴턴의 특별함을 알았던 선생님들이 어머니를 설득하면서 뉴턴은 다시 학교를 다니게 되었다.

열두 살이 되어 그랜섬의 킹스스쿨에 입학한 뉴턴은 그곳에서도 손재주를 발휘했다. 대표적인 것이 풍차 모형과 물시계를 만든 것이다. 그랜섬에는 강이 있었기에 힘이 필요한 일에 보통 수력을 이용했다. 그래서 풍차는 보기 힘들었는데, 뉴턴은 풍차에 호기심이 생겼고 계속된 노력 끝에 풍차 모형을 만들었다. 또 해시계에 이어 물시계를 만들기도 했다. 요즘 나이로 치면 초등학교 고학년에서 중학교 저학년 때 즈음 뉴턴은 남다름을 보여 주었다. 공부에는 그다지 흥미가 없었지만 타고난 지능과 노력으로 공부도 잘하는 학생으로 성장했다.

독서는 나의 힘!

킹스스쿨에 다니면서 뉴턴의 호기심과 과학에 대한 열정은 더욱 강해졌고, 마침내 1661년 케임브리지 대학교 트리니티 칼리지에 입학했다. 케임브리지 대학교는 31개의 칼리지가 모여서 구성되었는데, 그중 트리니티 칼리지는 1546년에 설립되었다. 이곳이 특히 유명한 이유는 뉴턴을 비롯한 여러 과학자의 업적 때문이다. 케임브리지 대학교 출신 노벨상 수상자 121명중 34명이 트리니티 칼리지 출신이다. 또 수학계의 노벨상이라 불리는 필즈상 수상자도 4명이나 된다.

뉴턴은 학비가 면제되는 장학생으로 입학했지만, 공부만 잘하면 되는 장학생은 아니었다. 학비를 면제받는 대신 일을 해야 했다. 뉴턴은 귀족이나 성직자보다는 낮은 계급이었기에 그들의 심부름과 자잘한 일을 하며 학교를 다녔다. 어머니도 돈을 넉넉히 보내 주지 않았기에 더욱 그랬다.

이런 힘든 조건에서도 그는 열심히 공부했다. 특히 밤낮 가리지 않고 독서를 하며 시간을 보냈다. 그의 독서 방법은 연구의 밑바탕이 되었다. 뉴턴은 "진리가 스스로 드러날 때까지 한 발짝씩 끈기 있게 탐구를 계속하는 것"이 자신의 연구 방식이라고 밝혔는데, 독서할 때도 이해할 때까지 읽고 또 읽기를 반복했다고 한다. 뿐만 아니라 그냥 책을 읽는 것이 아니라 의문을 가지고 비판하고, 같은 주제에 대해 다른 의견을 낸 학자의 책을 비교함으로써 자신만의 생각을 정리해 나갔다.

이 시기는 2,000년 동안 절대 진리라고 여겨졌던 아리스토텔레스의 철학이 점점 무너져 가는 시기였다. 뉴턴은 코페르니쿠스의 지동설, 갈릴레이의 역학과 천문학, 요하네스 케플러의 광학과 천문학(행성 운동의 법칙), 프랑스의 수학자이자 철학자인 르네 데카르트의 해석기하학, 굴절 광학, 기계적 철학, 영국의 과학자인 로버트 보일의 색채론 등 다양한 분야를 공부했다.

뉴턴은 열심히 공부했고, 그 결과 4년간 학교 일을 하지 않고도 학비와 생활비를 지원받을 수 있는 장학생이 되었다. 그의 곁에는 기숙사 동료이자 그 후로도 20년 이상 함께 지낸 존 위킨스도 있었고, 그보다 열 살 많았으며 이름도 같은 수학 석좌교수였던 아이작 배로도 있었다.

뉴턴은 배로 교수의 기하학과 광학 수업을 듣고, 그의 강의를 출판하는 데 도움을 주었다. 그뿐만 아니라 1663년 케임브리지 대학교의 1대 루커스 수학 석좌교수였던 배로 교수에 이어 6년 뒤에는 2대 루커스 수학 석좌교수가 되기도 했다. 그가 학위를 마치고 교수가 되는 사이에는 '기적의 해'라고 불리는 시기가 있었다.

흑사병과 기적의 해

흑사병은 인류 역사상 가장 많은 사망자를 낸 무시무시한 질병이다. 유럽에서만 1억 명이 넘는 사람이 흑사병으로 목숨을 잃었다. 당시 치료법이 없었던 흑사병을 피하기 위해 1665년 케임브리지 대학교는 잠시 문을 닫았고, 뉴턴은 집으로 돌아와야만 했다. 학위를 받은 후였기에 그는 고향으로 돌아가 혼자 연구를 계속했다.

그해를 과학자들은 '기적의 해'라고 불렀다. 기적의 해라는 말은 영국의 시인 존 드라이든의 시에서 처음 등장하는데, 흑사병과 런던 대화재 등으로 혼란에 휩싸인 1666년이 영국의 재건과 번영을 기원하는 해라는 의미가 담겨 있었다. 과학사에서는 그와 달리 뉴턴이 고향에서 연구를 한 1665년과 1666년이 기적의 해로 일컬어졌다.

그 시기 동안 뉴턴은 광학, 만유인력, 미적분학의 기본 아이디어를 얻었다. 다만 신중한 성격 탓에 그는 이 내용을 일부 친한 학자들에게만 공개했을 뿐 논문으로 발표하지 않았다. 이 때문에 이후에 영국의 과학자 로버트 훅과 독일의 수학자 고트프리트 빌헬름 라이프니츠 등과 우선권을 두고 논쟁을 벌여야만 했다.

'뉴턴의 사과'로 이야기되는 만유인력의 법칙과 운동의 3법칙, 미적분학 등에 대한 연구는 결국 뉴턴이 가지고 있던 한 가지 의문에서부터 시작되었다. 바로 행성의 운동에 대한 설명이다. 2,000년 동안 이어져 온 지구 중심설이 무너지기 시작한 시기였지만, 아직 태양 중심설을 정확히 설명하기는 힘들었다. 그뿐 아니라 우주(천상계)와 땅(지상계)은 서로 떨어져 있어서 서로 다른 원리로 운영된다는 생각이 여전했다.

뉴턴의 업적은 케플러의 행성 운동 법칙을 만유인력의 법칙과 운동의 3법칙 등에 따라 설명하고, 시간과 변화량의 개념을 포함한 미적분으로 증명함으로써 천상계와 지상계가 같은 원리로 움직인다는 결론을 얻었다는 것이다. 천상계 행성의 타원 운동과 지상계 사과의 운동이 결국 같은 개념이란 이야기였다.

특히 그가 '유율법'이라고 불렀던 미적분학은 기적의 해에 엄청난 발전을 했다. 그는 적분의 기초, 곡선의 접선과 미분의 관계 등을 발견했다. 또한 후에 '뉴턴의 방법'으로 불리는 실숫값 함수의 영점을 구하는 방법도 알게 되었다.

미적분을 두고 싸우다

앞서 언급했듯이 기적의 해 동안 뉴턴은 유율법이라 불리는 미적분을 발명했다. 문제는 이를 주변 사람에게만 말했을 뿐 논문으로 발표하지 않았다는 것이다. 뉴턴은 1666년 유율법에 관한 논문을 쓰기 시작해 5년 후《유율법과 무한급수》를 발표하기는 했으나, 미적분학에 대한 최초의 논문은 독일의 수학자 라이프니츠가 발표했다.

라이프니츠는 1675년 미적분학에 대한 아이디어를 정리했고, 1684년 미적분학에 관한 최초의 논문을 발표했다. 그로부터 3년 뒤 뉴턴은《자연철학의 수학적 원리》를 발표했다. 역사상 가장 중요한 책 중 하나인 이 책은 총 세 권으로 이루어진다. 상대적으로 미적분학이 많이 사용되지는 않았지만, 미적분학이 없으면 설명할 수 없는 내용을 담고 있다. 우리가 뉴턴의 업적으로

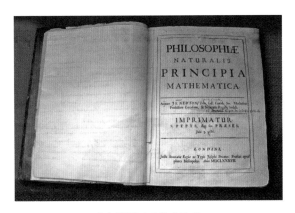

《자연철학의 수학적 원리》
운동 3법칙, 만유인력의 법칙, 케플러의 행성 운동 법칙의 유도를 설명하는 이 책은 과학사에서 가장 중요한 저작 중 하나로 꼽힌다.

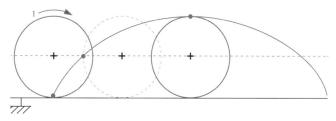

사이클로이드 곡선
수학자 베르누이가 낸 이 문제를 계기로
미적분학의 우선권 분쟁이 생겼다.

잘 알고 있는 힘과 자연계의 운동에 관한 설명을 미적분을 이용
해 수학적으로 설명한 것이다.

사실 이때까지만 해도 미적분학에 대한 우선권 분쟁은 크
게 없었다. 그런데 1696년 스위스 수학자 요한 베르누이가 낸 '최
단 강하선을 찾는 문제'가 불씨가 되었다.

베르누이는 최단 강하선, 즉 두 점 사이를 최소의 시간으로
움직이는 데 필요한 곡선을 구하는 문제를 냈다. 두 점 사이를
최단 시간으로 움직이는 선은 직선이 아닌 곡선이라는 사실은
이미 갈릴레이에 의해 알려진 사실이었다. 이 문제는 사이클로
이드 문제인데, 사이클로이드는 바퀴의 한 부분에 점을 찍고 바
퀴를 굴렸을 때 그 점이 그리는 선을 말한다. 이 문제를 해결하
려면 미적분학을 제대로 알아야 했다.

문제의 최초 정답자는 라이프니츠였으며, 여섯 달 동안 네

명의 정답자가 나왔다. 베르누이는 정답 제출 시기를 미뤄 가면서 한 사람을 기다렸다. 바로 뉴턴이었다. 미적분에 대해서 라이프니츠를 지지한 베르누이는 뉴턴이 진짜 미적분학을 이해했는지 궁금했던 것이다.

해를 넘겨 익명의 답안이 도착했는데, 그 답안은 익명이었지만 누가 봐도 뉴턴의 것이었다. 오죽하면 베르누이는 이런 말을 남겼다고 한다. "사자의 발을 보면, 그 발이 사자의 것임을 알 수 있다." 하지만 베르누이는 1713년 뉴턴이 라이프니츠의 미적분학을 표절했다는 의혹을 제기했으며, 《자연철학의 수학적 원리》의 수학적 비평을 출간하기도 한다.

미적분의 우선권에 대한 논쟁은 1710년 라이프니츠가 《신학에 관하여》에서 뉴턴의 이론을 공격한 후 존 케일에게 표절로 고소당하면서 격화되었으며, 2년 후 뉴턴이 《서신 왕래》라는 책을 냄으로써 영국과 대륙(독일, 스위스 등)의 싸움으로 심화되었다.

《서신 왕래》를 통해 라이프니츠가 1673년 영국 왕립학회에 방문해 뉴턴의 미출간 논문을 봤고, 1676년과 1677년 두 차례에 걸쳐 뉴턴에게 미적분학에 대해 물어보았다는 사실이 밝혀졌다. 그 결과 라이프니츠는 표절 혐의로 비난받게 되었다. 그는 죽기 전까지 논쟁을 계속했고 초라하게 죽음을 맞이했다. 오죽하면 장례식에 그의 비서만 참석했다는 일화가 있을 정도였다.

라이프니츠와 뉴턴이 죽은 뒤에도 논쟁은 계속되었으나 현재는 둘이 서로 다른 과정을 통해 미적분학을 발명했다고 인정하고 있다. 뉴턴의 유율법은 정의의 완벽성으로 인정받았으며, 시간과 변화량의 개념을 포함하고 있다는 점이 라이프니츠의 미적분과 달랐다. 하지만 현재 우리가 미적분에 사용하는 기호 등은 라이프니츠가 제시한 것이다. 기호의 편리성이 더 높기 때문이다. 미적분의 우선권에 대한 논쟁은 결국 무승부로 끝나게 되었다.

힘을 수학으로 설명하면

뉴턴이 남긴 업적은 너무나도 많다. 보통 많이 알고 있는 '만유인력의 법칙'과 '운동 3법칙(제1법칙 관성의 법칙, 제2법칙 가속도의 법칙, 제3법칙 작용 - 반작용의 법칙)' 등이 가장 잘 알려져 있다.

만유인력의 법칙은 뉴턴이 《자연철학의 수학적 원리》를 통해 처음 발표했다. 질량을 가진 두 물체는 서로 끌어당긴다는 법칙으로, 다음의 그림에서 F는 중력의 크기, G는 중력 상수, m_1은 첫 번째 물체의 질량, m_2는 두 번째 물체의 질량, r은 두 물체 사이의 거리를 의미한다.

여기서 중요한 것은 왜 중력이 아니라 만유인력, 즉 universal force 또는 universal gravitation이라고 불리냐는 것이다. 만유인력

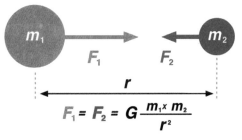

$$F_1 = F_2 = G \frac{m_1 \times m_2}{r^2}$$

만유인력의 법칙

의 법칙을 힘의 제2법칙인 가속도의 법칙에 대입함으로써 행성의 가속도와 행성의 타원 궤도 운동을 설명할 수 있게 되었고, 혜성과 달 등 천체의 운동뿐만 아니라 빛의 굴절 등 우주에서 적용되는 많은 일반적인 힘이 중력임을 알게 되었기 때문이다. 이런 이유로 영국 성공회는 뉴턴이 설명한 중력을 신이 존재하는 증거이며, 신이 이 세상에 영향을 미친다는 증거로 생각했다.

힘의 제1법칙인 관성의 법칙은 물체에 가해지는 알짜힘이 없다면 물체는 하던 운동을 계속한다는 법칙이다. 알짜힘은 해당 물체에 작용하는 모든 힘을 합한 것을 의미한다. 버스가 급출발할 때 내 발은 버스와 함께 떠나지만, 몸은 그 자리에 있으려고 하니 나는 뒤로 넘어질 수 있다. 반대로 급정지하면 발은 버스와 함께 멈추지만 몸은 계속 운동하려고 하기 때문에 앞으로 넘어질 수 있다.

힘의 제3법칙, 가속도의 법칙은 $F=ma$라는 공식으로 잘 알려져 있다. F는 알짜힘, m은 질량, a는 가속도. 질량이 있는 물체가 가속도를 얻게 되면 힘을 가진다. 몸무게는 힘의 값이다. 그래서 뉴턴(N)이라는 단위를 사용한다. 질량 50킬로그램의 물체를 지구의 중력가속도 9.8제곱초당미터와 곱하면 490뉴턴의 무게를 가진다. 이것이 무게, 즉 중력(의 크기)다.

작용 - 반작용의 법칙은 한 물체 A가 다른 물체 B에 작용하는 힘이 있을 경우, 물체 B도 물체 A에 대해 같은 크기의 힘을 반대 방향으로 가한다는 법칙이다. 가끔 전쟁 영화나 드라마를 보다가 헛웃음이 나올 때가 있다. 총을 쏘는 사람의 몸에 반동이 없는 장면이 연출될 때다. 실제 총을 쏘면 반동이 엄청나서 총을 움직이지 않도록 자세를 잡는 것이 중요하다. 그뿐만 아니라 걸을 수 있는 것도 발로 바닥을 밀어낸 힘만큼 바닥이 나를 밀어냈기 때문에 가능한 일이다.

이처럼 너무나 당연하게 생각했던 많은 것을 수학적으로 설명한 것이 뉴턴이었다.

빛에 대한 다른 생각

뉴턴은 쓸모없는 물체를 금으로 바꾸는 연금술도 아주 오랫동안 연구했다. 물론 성과는 없었지만, 그의 다른 연구에는 영향을 미쳤을 것이다.

뉴턴의 업적에서 잘 알려지지 않은 또 다른 업적은 광학이다. 우리는 무지개를 빨주노초파남보 일곱 가지로 알고 있다. 그런데 이 일곱 가지 무지개의 기원이 뉴턴이라는 것은 대부분 모른다. 뉴턴도 사실 처음에는 무지개를 다섯 가지 색으로 생각했지만, 얼마 후 일곱 가지 색으로 생각을 바꿨다. 그가 화성학을 배웠고, 음#의 비율에 관해 교환한 편지가 남아 있는 것으로 보아, 무지개의 일곱 가지 색은 '도레미파솔라시'의 7음계를 본떠서 만들었다는 설이 유력하다. 참고로 7음계는 천지창조의 7일과는 관계가 없기에 뉴턴이 종교적 의미로 무지개를 일곱 가지 색으로 표현했다는 주장은 위 설에 따르면 맞지 않다.

뉴턴 이전에는 아리스토텔레스, 데카르트 등이 색에 관한 이론을 연구했다. 그들의 기본 생각은 빛(흰색)과 어둠(검정) 사이에 여러 색이 있다는 것이었다. 아리스토텔레스는 흰색광이 변형되어 다른 색이 만들어진다고 생각했으며, 데카르트는 물체의 표면에 따라 빛이 회전해 다른 색으로 바뀔 수 있다고 생각했다. 하지만 뉴턴은 이 생각이 틀리다고 보았고, 실험적으로 증명하고자 했다.

'기적의 해'라고 불린 1666년 초, 뉴턴은 고향 집 방의 창을 닫아 들어오는 빛을 막은 뒤 작은 구멍을 통해 들어온 둥근 광선을 프리즘에 통과시켰다. 빛은 길쭉하게 변했으며, 뉴턴은 빛이 굴절률에 따라 다른 색깔의 광선으로 나뉜다는 것을 관찰했다. 여기서 중요한 것은 바로 아리스토텔레스와 데카르트의 생각처럼 색이 변형되는 것이 아니라 처음부터 서로 다른 색의 광선은 굴절률이 다르며, 이것은 변형되는 것이 아니라는 점이다. 정리해 보면, 굴절률이 다른 여러 색이 모여 흰색광이 된다는 것이다.

뉴턴은 이를 증명하기 위해 프리즘 두 개를 이용한 실험을 추가로 실시했다. 첫 번째 프리즘을 통과해 나뉜 색 중 한 가지를 제외하고 나머지를 가린 후 두 번째 프리즘을 통과시켜 보는 실험이었다. 아리스토텔레스나 데카르트의 생각이 맞다면, 두 번째 프리즘을 통과한 빛은 다른 색으로 변형되어야 한다.

하지만 두 번째 프리즘을 통과한 특정 색도 처음과 같은 각도로 굴절되었지만 같은 색을 유지했다. 즉 작은 구멍으로 들어온 빛이 긴 스펙트럼으로 바뀌는 것은 고유한 굴절률을 가진 서로 다른 색의 빛이 프리즘의 각기 다른 부분을 통과했기 때문인 것이다.

프리즘을 관찰한 모든 과학자가 보았지만 누구도 주목하지 않았던, 작은 구멍을 통해 들어온 동그란 빛이 길어지는 현상에서부터 그는 각 색깔의 굴절을 생각했다. 이 작은 생각의 변화는 빛과 색에 대한 그동안의 생각을 모두 바꾸었다.

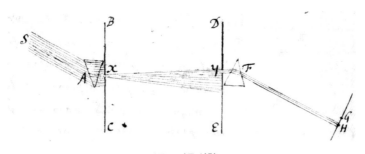

이중 프리즘 실험

뉴턴은 이 실험을 통해 기존의 빛과 색에 대한 생각을 바꾸었다.

　뉴턴은 이런 연구 성과를 1672년 영국 왕립학회의 《철학 회보》에 〈빛과 색에 대한 새로운 이론〉이라는 논문으로 발표했다. 1662년 케플러의 《광학》을 읽고, 1663년 배로 교수의 광학 수업을 들으며 시작된 빛에 대한 그의 연구는 1666년 실험을 통해 증명되고, 1672년 논문을 통해 세상에 공개된 것이다.

　연구 성과에는 그의 발명품 또한 큰 역할을 했다. 뉴턴은 갈릴레오 갈릴레이가 발전시킨 굴절망원경을 대신할 반사망원경의 발명했는데, 볼록렌즈를 이용하는 굴절망원경과는 달리 반사망원경은 오목렌즈를 이용했다.

　뉴턴은 1668년 세계 최초의 반사망원경을 발명한 후 1671년 두 번째 반사망원경을 만들어 왕립학회에 보냈고, 이것을 설명하면서 광학에 관한 논문인 〈빛과 색에 대한 새로운 이론〉을 발표한 것이다. 사실 왕립학회가 그를 회원으로 선출한 것은 다름 아닌 반사망원경의 발명 덕분이었다.

그의 논문은 한편에선 찬사를 받았지만, 다른 쪽에서는 엄청난 비판을 받았다. 빛에 대한 뉴턴의 생각은 쉽게 받아들여지지 않았다. 특히 평생의 경쟁자이자 당시 왕립학회 회장이던 로버트 훅과 그의 주변인으로부터 모진 비판을 들어야만 했다.

1675년 뉴턴은 빛의 입자 이론에 대한 논문을 발표하기도 했지만, 광학에 대한 비판은 견디기 힘들 정도였다. 결국 그는 공식적인 발표를 하지 않기로 했다가, 로버트 훅이 죽고 자신이 왕립학회 회장이 된 후인 1704년에야 광학 연구를 집대성한 책 《광학》을 출판한다. 그 후 《자연철학의 수학적 원리》 2판(1712년)과 3판(1726년), 《광학》 2판(1717년)을 출판하는 등 평생에 걸쳐 연구하고 또 연구했다.

반전에 반전을 거듭한 과학자

뉴턴은 과학자로서의 최고 영예를 누렸고, 지금도 누리고 있다. 그는 생전에 하원의원으로 의회에 진출하기도 했고, 왕립학회 회장도 되었으며, 조폐국장으로 오랫동안 업무를 수행했다. 또 영국 왕실로부터 기사 작위를 받았으며, 죽어서는 영국 위인들의 묘지인 웨스트민스터 사원의 좋은 자리에 안장되기도 했다.

그런 그의 인생에 숨겨진 반전 일화가 많다. 그나마 많이 알려진 이야기는 주식과 관련된 것인데, 1720년경 뉴턴은 주식을 하다 자산의 90퍼센트를 잃었다. 희대의 천재에게도 주식은 어려웠던 것이다. 그때 그가 잃은 돈은 현재 우리나라 가치로 약 50억 원에 달한다고 한다. 물론 죽기 전까지 주식을 통해 재산의 대부분을 복구하긴 했다.

또 다른 반전 일화는 조폐국에서 일할 때 일이다. 사실 조폐국 일은 바쁘지는 않고 보수는 많았다. 하지만 그는 일을 매우 열심히 했다. 화폐 위조범을 잡기 위해 변장을 했다는 이야기가 전해질 정도다.

뉴턴은 조폐국장으로 있으면서 여러 가지 정책을 펼쳤는데, 그중 하나가 금화의 표준화였다. 같은 가치가 있는 금화는 그 무게가 같아야 했지만 그때는 그렇지 못했다. 일부 조폐국 직원이 일부러 금화를 무겁게 만든 후 그것을 녹여 금을 빼돌린 후 다시 동전을 만들기도 했고, 금화의 모서리를 갈아 내는 방식으로 금을 빼돌리기도 했다. 이것을 방지하기 위해 뉴턴은 금화를 표준화했고, 동전 테두리에 톱니바퀴 모양을 새기게 했다. 오늘날 우리가 사용하는 동전의 모양이 뉴턴의 아이디어였다는 사실을 모르는 사람이 많을 것이다.

또한 금과 은 두 가지를 기준으로 하던 화폐 체계를 금으로 기준을 통일했다. 이 때문에 가치가 큰 금의 사용이 불편해지면서 지폐의 사용을 촉진하기도 했다. 뿐만 아니라 은의 가치가 상대적으로 컸던 중국과의 교역이 늘어나는 계기도 뉴턴의 생각에서 시작되었다.

뉴턴의 이름에서 따온 단위 뉴턴(N), 그 이름 속에 그가 인류사에 미친 엄청난 영향이 압축되어 있다.

몸무게가 몇 뉴턴이라고?

힘의 단위인 뉴턴(N)의 정의는 힘의 크기를 측정하는 운동 방정식인 F=m×a로 정의할 수 있다. F는 힘, m은 질량, a는 가속도다. 즉 1뉴턴이라는 힘은 질량 1킬로그램의 물체에 작용해 1제곱초당미터(m/s²)의 가속도를 발생시킨다. 뉴턴은 힘의 크기를 측정하는 단위로 사용하는데, 주는 힘에 그 방향으로 이동한 거리를 곱하면 일을 한 양이 된다.

질량의 개념도 《자연철학의 수학적 원리》를 통해 정의했다. 지구에서 질량을 가진 물체에는 중력가속도인 9.8제곱초당미터(9.8m/s²)의 가속도가 가해지는데, 이것이 중력의 크기, 무게, 즉 힘이 된다.

우리가 몸무게를 말할 때 "난 50킬로그램이야"라는 식으로 말하곤 하는데, 사실 이는 잘못된 것이다. 우리는 지구 밖을 떠날 일이 없기에 질량(킬로그램)과 무게(중력의 크기)를 종종 혼동해서 쓰는 것이다. 원래대로라면, 질량 50킬로그램에 중력가속도 약 9.8제곱초당미터를 곱해 490뉴턴이라고 말해야 한다. 달에 가면 중력가속도의 값이 지구의 6분의 1로 줄어들어 질량은 50킬로그램으로 유지되지만 무게는 490뉴턴을 6으로 나눈 약 82뉴턴이 된다.

몸무게를 말할 때, 예컨대 50킬로그램중(kgf)이라고 말해도 된다. 1킬로그램중은 9.8뉴턴이기 때문이다. 킬로그램중에서 '중'은 중력 혹은 힘(force)을 의미한다.

　한 가지 더 설명하면, 물리학 용어로서는 force는 힘, power는 일률을 의미한다. 힘의 정의 또한 뉴턴이 《자연철학의 수학적 원리》 1권에서 설명했다. 일률은 단위 시간(1초) 동안 한 일의 양, 즉 일의 효율을 의미한다. 일률의 단위로는 와트(W), 마력(HP), 초당줄(J/s) 등을 사용한다. (와트와 마력은 '제임스 와트' 장에서 자세히 설명하겠다.)

3

전기가

와트(W)

얼마나 필요하냐면

1736~1819

제 임 스

와 트

제임스 와트

James Watt

사실 내가 증기 기관을
발명한 건 아니야

프로필

출생·사망	1736년~1819년
국적	영국
직업	발명가, 기계 기술자
특이사항	'될놈될'의 모범 사례

이름에서 유래한 단위

단위 종류	SI 유도단위
측정 대상	일률
쓰는 법	W
읽는 법	와트

연관 검색어

증기 기관
산업혁명
소비전력

재미로 보는 인물 그래프

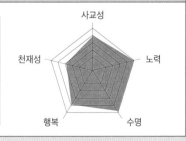

칙칙폭폭 칙칙폭폭!

이 소리가 무슨 소리인지 모르는 사람은 없을 것이다. 바로 기차 소리다. 현재의 기차가 칙칙폭폭 소리를 내지 않는데도 사람들에게 기차 소리를 내보라고 하면 대부분 '칙칙폭폭'을 외치지 않을까. 어린아이들도 기차놀이를 하면서 '칙칙폭폭 칙칙폭폭' 소리를 낸다. 《해리포터》 시리즈의 호그와트 익스프레스, 〈토마스와 친구들〉의 주인공 열차들, 그리고 〈은하철도 999〉에 나오는 은하초특급 999호의 공통점은 바로 증기 기관 열차라는 것이다. 우리가 알고 있는 기차 소리는 증기 기관이 석탄을 태워 열차를 움직이면서 수증기 등을 압축하고 배출하는 소리다.

우리나라의 증기 기관 열차는 1899년 인천에서 노량진 사이 33킬로미터 구간에서 시작되었다. 증기 기관 열차는 1969년 디젤 기관 열차에 자리를 내주며 완전히 사라졌다가, 현재는 관광용으로 일부 구간에서 명맥을 이어가고 있다. 증기 기관 열차의 등장, 아니 그보다 먼저 증기 기관의 등장은 인간의 활동 영역을 확대했을 뿐만 아니라 산업혁명을 촉진했고, 현재와 같은 풍요로운 삶을 만들어 냈다. 이 같은 변화는 발명가이자 기계 기술자인 제임스 와트의 손에서 시작했다.

그리녹의 허약한 소년

제임스 와트는 부모님의 걱정 속에서 유년기를 보냈다. 와트의 형제자매 다섯 명이 모두 죽기도 했고, 그 역시도 두통에 시달리는 등 건강하지 못했다. 그래서 와트는 또래의 다른 친구들과 함께 학교에 다니지 못하고 가정 학습을 받아야 했다.

물론 가정 학습을 했다고 해서 와트의 공부가 부족했다는 건 아니다. 부모님이 훌륭한 선생님이 되어 주었기 때문이다. 목수이자 조선공, 측량가, 선주였으며 시의회 의원이었던 와트의 아버지는 어려서부터 그에게 많은 가르침을 주었다. 와트는 아버지가 조선공으로 일할 때 배 만드는 모습을 보며 많은 것을 경험할 수 있었고, 나침반과 망원경 등 과학 도구의 사용법과 원리도 배웠다. 와트는 아버지가 선물한 목공 도구로 장난감을 비롯해 다양한 것을 만들었는데, 이 경험은 후에 와트가 도구 제작업체 수습생으로 일할 때도 많은 도움이 되었다.

와트의 어머니는 그 당시 여자 중에는 드물게 교육을 잘 받은 명문가 출신이었다. 그 덕에 와트가 몸이 약해 학교에 가지 못하고 가정 학습을 할 때 많은 것을 가르쳐 주었다. 와트가 수학을 좋아하게 된 때도 가정 학습 시기였다. 부모님 외에도 다른 가족들의 영향도 많이 받았는데, 그의 할아버지는 학교에서 수학을 가르쳤고, 삼촌은 아버지와 함께 측량기사로 일했다. 와트가 발명가이자 기계공학자로 성장할 수 있었던 밑바탕에는 부모님을 비롯한 가족의 가르침이 있었다.

가정 학습을 하던 시기 와트는 자신도 모르게 증기에 관심을 가진 적도 있다. 차를 마시기 위해 물을 끓일 때 대부분은 아무 생각 없이 주전자를 바라보거나 차를 준비하느라 분주할 것이다. 그런데 어린 와트는 끓고 있는 주전자를 보다가 우연히 스푼으로 주전자 입구를 막아 보았고, 이때 떨어지는 물방울의 수를 세었다고 한다. 심지어는 주전자 입구를 막아 주전자를 터트리기도 했다는 일화도 전해진다. 그가 얼마나 호기심이 넘쳤는지를 엿볼 수 있다. 이 일화가 사실이 아니라는 주장도 있고, 와트 이전에 증기 기관을 만든 토머스 뉴커먼에 대해서도 비슷한 일화가 전해진다.

사실 여부를 떠나 그가 증기 기관에 지대한 업적을 남긴 발명가이기에 이런 이야기가 있는 것이고, 그를 주제로 한 다음의 그림에도 비슷한 내용이 있다. 그림 속 와트의 시선은 끓는 물과

> 🔬 **지식 더하기** ⊗ ⊖ ⊗
>
> 토머스 뉴커먼
> 대장간 직공 출신으로, 학교에 다니지 않아 과학 지식도 없었다. 그러나 광산에서 일하면서 증기를 이용한 동력에 관심을 가져 연구에 매진했다. 10년여의 노력 끝에 그는 자신의 이름을 딴 뉴커먼 기관을 완성했고, 이 기계는 광산의 배수용으로 널리 보급되었다.

제임스 와트와 증기 기관에 관한 그림

실험 장치를 향하고 있고, 손에는 새로운 증기 기관 설계를 위한 컴퍼스가 들려 있다.

와트는 남들보다는 한참 늦은 나이인 열한 살에 학교에 들어갔다. 여러 우여곡절이 있었지만 그리녹 문법 학교에 입학하면서 많은 친구를 사귀게 되었고, 와트가 원래 좋아했던 수학과 공학도 열심히 공부했다. 라틴어와 그리스어 공부에서는 큰 두각을 나타내지 못했다고 한 것을 보면 어려서부터 지극히 이과 과목에 흥미를 느꼈던 모양이다.

증기 기관으로 가는 긴긴 여정

1753년 와트가 열여덟 살이 되었을 때 어머니가 세상을 떠나고 아버지도 건강이 나빠지면서 가세가 급격하게 기울었다. 와트는 고향인 그리녹에서 어머니의 고향인 글래스고로 이주했다. 글래스고는 스코틀랜드에서 가장 큰 항구 도시였다. 그곳에서 그는 친척의 소개로 글래스고 대학교의 로버트 딕 교수를 만났다. 이후 딕 교수는 와트 인생에서 중요한 버팀목이 되었다.

글래스고에서의 생활도 쉽지만은 않았다. 와트는 안경원에서 일하기도 했고, 딕 교수가 교구 수리를 맡기면 그 일을 하기도 했다. 하지만 그것만으로는 호기심과 배움에 대한 열망을 이어 나갈 수 없었다. 그래서 와트는 런던으로 다시 한번 이주를 결심했다. 글래스고에서 런던까지는 서울에서 부산까지 거리의 약 두 배로, 현재는 비행기로 1시간 15분이면 가지만 그때는 말을 타고 12일이나 가야 했다.

그런데 더 큰 시련이 그를 맞이했다. 딕 교수가 소개한 자리임에도 그는 월급 한 푼 받지 못하는 수습생조차 되지 못했다. 그 이유는 당시 런던에서 수습생으로 일하려면 7년 동안 훈련을 거쳐야 했으며 나이도 어려야 했기 때문이다. 그렇다고 와트의 나이가 많은 것도 아니었다. 그 당시 와트는 겨우 스무 살이었다.

와트가 돈도 떨어지고 건강도 나빠져 고향으로 돌아가려고 했을 때 기적적으로 과학 기구 제조 업자인 존 모건의 수습생이 되었다. 와트는 열심히 공부하고 기술을 배웠다. 그래서 남들이 몇 년 동안 배울 기술을 1년 만에 배웠다. 다만 그 때문에 몸은 쇠약해졌고, 다시 그리녹으로 돌아올 수밖에 없었다.

전화위복이라는 말이 있듯이 와트는 몸을 추스른 후 그리녹에서 다시 글래스고로 향했고, 거기서 로버트 딕 교수와 조지프 블랙 교수 등의 주선으로 글래스고 대학교 안에 있는 공장에서 일할 수 있었다. 이 공장은 실험 기구나 연구용 기계를 수리하고 만드는 곳이었다. 와트는 스물두 살 때인 1757년부터 1767년까지 10년 동안 이 공장에서 일했다. 이곳에서 망원경 이전의 천제 관측 기구인 사분의, 컴퍼스, 눈금자 등 다양한 과학 도구를 만들었다. 한참 세월이 지난 뒤인 1806년 대학 내 공장에서 일하던 기계공이었던 와트는 이 대학의 명예 박사학위를 받게 되었다. 그만큼 그의 업적은 대단했다.

1763년 드디어 운명적인 사건이 일어난다. 글래스고 대학교의 존 앤더슨 교수로부터 그 당시 사용되던 증기 기관인 뉴커먼 기관 모형의 수리를 의뢰받은 것이다. 앤더슨 교수는 자연철학 수업 시간에 이 모형으로 증기 기관의 원리를 설명했는데, 모형이 망가지자 와트를 찾아온 것이었다. 이 의뢰가 새로운 증기 기관을 발명하게 된 계기가 되었다.

실제보다 작은 증기 기관 모형은 효율이 떨어졌다. 와트는 단순히 모형을 고치는 데 그치지 않고, 원래 뉴커먼 기관이 가지고 있던 문제점을 해결하고자 노력했다. 물론 그 과정이 쉽지 않았지만 와트는 1765년 뉴커먼 기관의 문제점을 해결하는 방법을 알아내 모형으로 만들었으며, 1769년에는 자신이 만든 증기 기관에 대한 특허를 냈다.

그 배경에는 여러 사람의 도움이 있었다. 먼저 사업가 존 로벅의 도움이 있었다. 로벅은 당시 와트의 빚 1,000파운드를 갚아주었고, 증기 기관을 상업화하는 데 필요한 자금과 특허 비용을 지원하는 대신 특허권 수익의 3분의 2를 자신이 가지는 것으로 계약하면서 와트의 길을 지지했다.

와트가 글래스고 대학교 내의 공장에서 일할 수 있게 도와준 블랙 교수도 또 다른 조력자였다. 블랙 교수는 이산화탄소의 발견자이자 잠열과 비열의 기초를 확립한 사람으로 알려져 있다. 일부 학자들은 와트가 블랙 교수의 잠열 이론을 응용해 증기 기관을 만들었다고 주장하지만, 많은 학자는 반대로 와트가 증기

⚙ 지식 더하기　　　　　　　　　　　　　　　　　⊗ ⊖ ⊙

잠열
숨은열이라는 뜻으로, 어떤 물체가 온도의 변화 없이 상태가 변할 때 방출하거나 흡수하는 열을 의미한다. 1기압에서 물을 가열하면 섭씨 100도에 도달했을 때 물은 수증기로 변하지만 섭씨 100도라는 온도는 더 높아지지 않는다. 이는 열에너지가 액체 상태의 물에서 기체 상태의 수증기로 상태 변화하는 데 사용되었기 때문이다. 이것이 바로 잠열이다.

제임스 와트

기관의 문제점을 해결할 새로운 방법을 알아낸 뒤 그 이유를 블랙의 잠열 이론으로 이해했다고 주장한다. 정확한 선후 관계는 확인할 수 없지만, 와트는 블랙 교수의 잠열 이론에 대한 이해를 바탕으로 열 손실을 줄이고 연료인 석탄의 사용량을 획기적으로 줄일 수 있는 증기 기관을 만들어 냈다. 기계공으로 글래스고 대학교에서 일한 덕에 와트는 블랙 교수를 비롯한 다양한 석학들의 배움을 받으며 정보 교류의 기회를 얻었는데, 이것은 그의 삶에 큰 자양분이 되었다.

그 후 와트는 여러 사람의 도움을 받아 새로운 증기 기관을 탄광에 설치했다. 하지만 그 당시 기술로는 증기가 빠져나가지 않는 정교한 장치를 만들 수 없어 안타깝게도 실패했다. 얼마 후 결국 존 로벅은 자금 지원을 중단했고, 와트는 생계를 위해 1767년부터 1774년까지 스코틀랜드 운하 건설 현장에서 측량사로 일을 할 수밖에 없었다. 그는 아내가 아프다는 이야기를 듣고 급하게 글래스고로 돌아왔지만 결국 그의 아내는 출산하던 중 생을 마감하고 말았다. 이때가 그의 삶에서 가장 힘든 시기였다.

인생의 은인과의 만남

아내의 죽음과 경제적 어려움으로 와트가 방황할 때 은인이 되어 준 한 사람이 있었다. 바로 매슈 볼턴이다. 제조업자이자 엔

지니어인 그는 큰 금속 공장을 운영하고 있었다. 그 당시 대부분 공장이 직원을 한두 명 고용한 데 반해, 볼턴의 공장은 직원이 600명이나 되었다. 볼턴은 와트와 함께 버밍엄 특허사무소 앞에 동상으로 남아 있으며, 2011년부터 2020년까지 발행된 50파운드 화폐 뒷면에 와트와 함께 초상화가 들어간 사람이기도 하다. 50파운드에는 볼턴의 명언도 적혀 있었다. "온 세상이 갖고자 하는 힘, 저는 그것을 팝니다."

볼턴은 증기 기관에 대한 업적을 인정받아 1785년 와트와 함께 왕립학회 회원이 되었는데, 그 배경에는 그가 공동 설립한 '달의 모임 Lunar society'이 있었다. 달의 모임은 영국 버밍엄의 한 협회로, 보름달이 뜨는 날에 모여서 붙은 이름이다.

이 협회는 그 당시 정보 교류의 장이었다. 와트도 이곳의 회원으로 활동하면서 정보를 나누었고, 이는 와트가 이룩한 발명의 또 다른 자양분이 되었다. 진화론으로 유명한 찰스 다윈의 할아버지 이래즈머스 다윈, 산소를 발견한 조지프 프리스틀리 등도 이 협회의 회원이었으며, 의사이자 교수였던 윌리엄 스몰은 와트가 특허권을 획득할 때 도움을 주기도 했다. 프리스틀리와의 만남 이후 와트는 화학에도 관심을 가져 에너지 변환, 화학 반응 등에 대해 연구하고 실험하며 논문을 발표하기도 했다.

매슈 볼턴을 만난 뒤 와트의 삶은 완전히 달라졌다. 와트의 증기 기관 개발과 특허 취득을 도운 로벅이 파산하면서 로벅이 가지고 있던 증기 기관에 대한 권한을 볼턴이 넘겨받았다. 와트는 볼턴이 살고 있던 버밍엄으로 이주했고, 그의 후원 아래 그동안 연구실에서 잠자고 있던 증기 기관을 드디어 상용화할 수 있었다. 거기에 볼턴이 여러 노력으로 특허권을 연장한 덕에 연구의 불씨를 살릴 수도 있었다.

그 당시 특허권은 15년만 인정되어 1769년에 획득한 특허는 15년 뒤인 1784년에 소멸해야 했지만, 볼턴의 노력으로 특허권이 1800년까지 연장되었다. 이 일은 볼턴의 큰 업적으로 평가받는다. 볼턴의 노력 외에 영국 의회도 증기 기관의 중요성을 인식했기에 특허를 연장해 준 것이었다. 이런 합리적인 판단이 영국을 산업혁명의 선도 국가로 만든 원동력이 되었다. 만약 그때 경쟁업자의 반대로 특허를 연장하지 않았다면 어땠을까? 와트가 증기 기관을 완성해도 투자금을 회수하기 쉽지 않아 연구를 중단했을지도 모른다.

와트가 연 새로운 시대

와트가 증기 기관을 만들기 전에는 1712년부터 보급된 뉴커먼 기관이 많이 쓰였다. 뉴커먼 기관은 영국의 해군 기술자인 토머스 세이버리가 만든 증기 기관을 토머스 뉴커먼이 개량해 만든 것으로, 21년 동안 무려 104대가 탄광에 설치되었다. 석탄의 사용량이 늘어나면서 탄광에서는 더 깊이 채굴을 해야 했는데, 이때 스며든 지하수를 퍼내는 데 뉴커먼 기관이 사용되었다.

재미있는 건 뉴커먼 기관이 힘도 약하고 연료도 많이 들어서 연료를 구하기 쉬운 탄광에서만 사용할 수 있었다는 점이다. 채굴한 석탄의 40퍼센트를 뉴커먼 기관에 사용해도 당시에는 다른 방법이 없었다. 석탄을 채굴하기 위한 장치인데 석탄을 많이 써서 그곳에서밖에 쓸 수 없는 기관. 그게 당시 증기 기관의

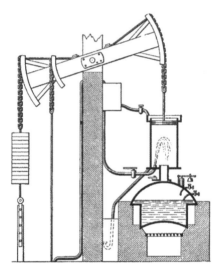

뉴커먼 기관
와트의 증기 기관 이전에 쓰였으며, 효율이 떨어지고
고장이 잦다는 단점이 있었다.

한계였고, 산업혁명의 시발점이 되지 못한 이유였다.

뉴커먼 기관은 효율이 매우 떨어졌고, 물이 직접 들어갔기에 고장도 잦았다. 와트는 이것을 개선해 실린더를 식히지 않고, 증기만을 식혀 응축시키는 곳을 분리해 만들었다. 일명 분리 응축기(콘덴서)다.

실린더가 식지 않았기에 그것을 데우기 위해 석탄을 더 이상 낭비하지 않아도 되었고, 실린더 안으로 직접 물이 들어가지 않으니 고장도 줄어들었다. 와트는 연료를 뉴커먼 기관의 4분의 1만 쓰면서도 힘은 더 세고 오작동도 거의 없도록 개선했다.

1775년 와트는 볼턴과 '볼턴앤드와트'라는 회사를 설립했으며 드디어 자신이 만든 증기 기관을 선보였다. 그해 3월 브룸필드의 탄광에서 시험 가동에 성공했고, 탄광에서 지하수를 쉽게 퍼낼 수 있었다. 드디어 와트의 노력이 열매를 맺는 순간이었다. 그의 나이 마흔한 살 때였다.

1776년 이후 뉴커먼 기관은 와트의 증기 기관으로 대체되었으며, 그 후 와트의 삶은 탄탄대로를 달렸다. 1790년까지 특허권으로 7만 6,000파운드(현재 우리나라 가치로 350억 원 이상)를 벌어들였는데, 1794년 사망한 로벅은 억울했을 것이다. 와트의 빚 1,000파운드와 개발 비용을 지원하는 대신 특허권 수익의 3분의 2를 가지는 계약의 권한을 파산과 함께 헐값에 볼턴에게 넘겼으니 말이다. 1800년대까지 영국 전역에 500대 이상의 와트 증기 기관이 설치되었다.

와트의 증기 기관은 효율이 높은데다 소형으로 제작할 수 있었기에 활용 범위가 넓었다. 볼턴의 친구이자 와트의 원통형 실린더를 만드는 기계를 발명했던 존 위킨슨은 1776년 와트 증기 기관을 바람을 일으키는 기계인 송풍기에 사용했다. 이것을 기점으로 와트의 증기 기관은 탄광에서 지하수를 퍼 올리는 용도 외에 동력이 있어야 하는 어느 곳에서든 사용되었다.

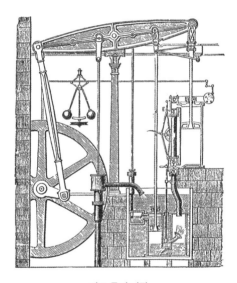

와트 증기 기관
와트는 뉴커먼 기관의 단점을 보완한
새로운 형태의 증기 기관을 선보였다.

그 후 와트는 왕복 운동을 회전 운동으로 바꿔 주는 증기 기관과 복동식(양쪽으로 힘이 작용하는) 증기 기관도 만들었다. 이 기관은 옷감을 짜는 직물기나 곡식 등을 가루로 만드는 제분기 등 다양한 분야에서 증기 기관의 쓰임을 늘렸는데, 후대 사람들은 이를 산업혁명의 시발점으로 삼는다.

와트는 증기 기관의 성능을 측정하기 위해 마력이라는 단위를 만들었다. 와트는 자신의 이름을 딴 와트(W) 외에도 한 가지 단위와 더 연관이 있는 것이다.

증기 기관, 애증의 역사

4차 산업혁명 시대를 살아가는 우리에게는 증기 기관이 큰 의미가 없을지 모르지만, 증기 기관이 있었기에 현재의 4차 산업혁명이 탄생할 수 있었다. 와트가 증기 기관을 발명한 덕에 수

공업 위주의 산업이 반자동 형태로 변화되었고, 다양한 기계가 만들어졌다. 그 결과 생산성이 비약적으로 늘어났다. 생산성의 증가는 농촌의 도시화를 가속화했고, 이것이 1차 산업혁명을 가져왔다. 경제적 성장은 노동자 계급의 정치 참여를 확대해 사회 전반의 변화를 이끌었다. 이런 변화가 이후의 2, 3, 4차 산업혁명을 이끄는 힘이 된 것이다.

증기 기관은 생각보다 굉장히 오래전부터 사용되었다. 증기 기관은 와트가 특허를 낸 후 다양한 곳에 사용되었는데, 수로와 육로에서 그 쓰임이 활발해졌다.

먼저 수로에서 증기 기관이 어떻게 사용되었는지 알아보자. 프랑스의 주프루아 다방 후작은 불완전하기는 했으나 1776년 최초의 증기선인 팔미페드호를 만들었고, 1783년에는 세계 최초의 실용적인 증기선인 피로스카프호를 만들었다. 하지만 그는 특허권을 인정받지 못했다. 결국 1788년 영국의 아이작 브릭스와 윌리엄 롱스트리트가 증기선에 대한 특허를 얻었다.

미국에서는 1791년 존 피치가 증기선의 특허를 취득했는데, 피치는 세계 최초로 스크루 프로펠러 증기선을 개발했다. 하지만 특허가 상업적 성공으로 이어지지는 못했다. 다방 후작과 피치는 증기선에 대한 성공을 이루지 못한 채 비극적으로 삶을 마감했다.

많은 사람은 미국의 공학자이자 발명가인 로버트 풀턴을 증기선의 개발자로 기억한다. 마치 와트가 증기 기관을 최초로 만든 사람으로 기억되는 것처럼 말이다. 그 이유는 그가 만든 증기선 클러몬트호가 1807년 미국의 허드슨강에서 승객을 태운 채 운항하는 데 성공했고, 1809년 특허를 취득해서 실질적인 상업화에 성공했기 때문이다.

그 후 증기선은 발전을 거듭해 1838년에는 두 척의 증기선이 대서양 횡단에 성공했다. 1845년에는 철로 선체를 만든 증기선이 출현하기도 했다. 증기선의 발달은 먼 지역, 심지어는 대륙과 대륙 간의 이동에 핵심적인 역할을 했다.

다음은 육로에서 증기 기관이 어떻게 사용되었는지 알아보자. 버밍엄 특허사무소 앞 매슈 볼턴, 제임스 와트와 함께 동상이 세워진 윌리엄 머독이 1784년 증기 기관차 모형을 최초로 만들었다. 다만 그는 실제 기관차를 만들지는 않았고, 증기총을 만들었다. 1804년 리처드 트레비는 일명 트레비식 고압 증기 기관을 만들었다.

그 후 1814년에는 '철도의 아버지'라고 불리는 영국의 발명가 조지 스티븐슨이 트레비식 증기 기관을 개량해 증기 기관차를 만들었는데, 1시간에 39킬로미터를 갈 수 있었다. 이 증기 기관차는 1825년에 본격적으로 사용되었고, 스티븐슨은 1829년에

버밍엄 특허 사무소 앞
제임스 와트, 매슈 볼턴, 윌리엄 머독의 동상

1시간에 48킬로미터를 갈 수 있는 로켓호를 만들어서 영국의 리버풀과 맨체스터 사이를 오가며 승객을 날랐다.

물자와 사람들이 훨씬 빠르고 편리하게 이동할 수 있게 됨에 따라 산업의 발달은 급격하게 빨라졌다. 와트의 증기 기관이 가져온 새로운 역사는 이렇게 사회를 변화시켰다.

와트를 기리는 상징물은 곳곳에 남아 있다. 웨스트민스터 사원에 가면 역대 영국 국왕들의 비석과 함께 와트의 기념비를 찾아볼 수 있다. 국왕들과 어깨를 나란히 할 만큼 국가는 그의 공을 높이 산 것이다. 제임스 와트는 이런 말을 남겼다.

"이 기계 외에는 아무것도 생각할 수 없습니다."

이 말만큼 그를 잘 표현할 수 있는 문장은 없는 것 같다. 그의 말처럼 증기 기관에 모든 것을 바친 그가 '힘' 하면 제일 잘 나가는 인물 중 한 명인 것은 부인할 수 없을 것이다.

우리 주변의 와트 찾기

제임스 와트가 누구인지 모른다면 집에 있는 전구를 찾아보자! 전구를 보면 8W, 15W, 40W 등 숫자와 함께 'W'가 쓰여 있을 것이다. 설마 W를 '더블유'라고 읽었다면, '와트'로 바꿔 읽기를 바란다. 바로 제임스 와트의 이름에서 따온 단위이기 때문이다.

집에 전구가 보이지 않는다면 냉장고, 세탁기, 에어컨 등에 붙어 있는 에너지소비효율등급 라벨을 찾아보면 된다. 에너지효율등급은 에너지 소비 효율 또는 에너지 사용량에 따라 1~5등급까지 표시하는 제도다. 1등급에 가까울수록 에너지 절약형 제품이다. 바로 이 라벨에 킬로와트시(kWh)나 와트시(Wh) 등이 쓰여 있는데, 이 단위들도 와트에 시간을 곱해서 만든 단위다.

와트(W)라는 단위는 1889년 영국 과학진흥협회 총회에서 증기 기관을 개량해 산업 발전에 공헌한 제임스 와트의 이름을 따서 채택했다.

4

뢴트겐(R)

방사선이

얼마나 나오는지 아니?

1845~1923

빌 헬 름

뢴 트 겐

빌헬름 뢴트겐

Wilhelm Röntgen

과학의 발전이 중요하지, 특허가 중요한 게 아니야

프로필

출생·사망	1845년~1923년
국적	독일
직업	물리학자
특이사항	제1회 노벨 물리학상 수상자

이름에서 유래한 단위

단위 종류	비SI 단위
측정 대상	방사선
쓰는 법	R
읽는 법	뢴트겐

연관 검색어

노벨 물리학상(1901년)

엑스선

음극선 실험

뢴트게늄(111번 원소)

재미로 보는 인물 그래프

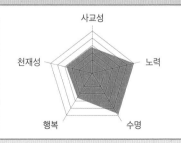

코로나19 시대를 거치면서 우리는 진단 도구에 익숙해졌다. 기껏해야 1년에 한두 번 접하던 진단 도구를 일상에서 자주 사용하게 된 것이다. 의학적 진단 도구에는 화학적 진단 도구와 물리적 진단 도구가 있다. 화학적 진단 도구에는 우리에게 익숙해진 코로나19 자가 진단 키트를 비롯해서 소변 검사 키트, 임신 진단 키트, 독감 진단 키트, 니코틴 검사 키트 등이 있다.

물리적 진단 도구는 내시경, 초음파, 엑스선, CT, MRI 등이 대표적이다. CT는 MRI와 혼동하기 쉬운데, CT는 컴퓨터단층촬영computed tomography의 약자이고, MRI는 자기공명 영상장치magnetic resonance imaging의 약자다. 가장 큰 차이는 CT는 엑스선을 사용하고, MRI는 자기장을 이용한다는 점이다.

CT는 엑스선을 사용하지만 엑스선 촬영처럼 직접 필름에 사진을 찍는 것이 아니다. 인체 여러 부위의 단면 주위를 돌면서 가느다란 엑스선을 투사하고 엑스선이 인체를 통과하면서 감소되는 양을 측정하는 것이다. CT는 뇌 질환, 폐암, 간암 등에 특히 많이 사용하며 검사 시간이 짧다는 장점이 있다. CT의 탄생 배경에는 당연히 엑스선 촬영이 있으며, 그 시작에는 빌헬름 뢴트겐이 있다.

귀한 아들의 탄생?

우리나라의 출산율은 전 세계에서 최저를 달리고 있다. 점기 자동차 회사인 테슬라의 CEO 일론 머스크가 언급할 정도니 말이다. 그는 "한국이 홍콩과 함께 세계에서 가장 빠른 '인구 붕괴population collapse'를 겪고 있고, 출산율이 변하지 않는다면 한국 인구는 3세대 안에 현재의 6퍼센트 미만으로 떨어질 것"이라는 극단적 전망을 내놓기도 했다.

아이러니하게도 우리나라는 한때 산아제한 정책을 펼친 적이 있다. 1960년대에는 3·3·35운동이라고 해서 "3명의 자녀를 3년 터울로 낳고, 35세에 단산하자"는 운동이 일어나기도 했고, 1970년대에는 "딸·아들 구별 말고 둘만 낳아 잘 기르자"는 운동이 일기도 했다. 1980년대에는 "잘 키운 딸 하나 열 아들 안 부럽다", "사랑으로 낳은 자식, 아들딸로 판단 말지" 등의 구호가 등장했는데, 여기에는 자식을 적게 낳으면서 강화된 남아선호 사상을 타파하고자 하는 의지가 담겨 있다.

현재는 양상이 많이 바뀌긴 했지만, 아직도 남아선호 사상은 노년층에 남아 있다. 과거 시대에 귀한 아들(남자)이라고 해서 아들의 이름을 '귀남'이라고 짓기도 했는데, 빌헬름 뢴트겐은 또 다른 의미의 귀남이었다.

1840년대 인류의 평균 기대 수명은 40대 초반이었다. 위생과 주거 수준, 영양 상태 등이 크게 향상된 1900년대 초가 되어서야 평균 기대 수명이 60세가 되었다. 그랬던 1845년에 빌헬름 뢴트겐은 마흔네 살인 아버지와 마흔두 살인 어머니 사이에서 외동으로 태어났다. 위생 상태와 의료 수준이 낮았던 1840년대에는 아기를 낳다가 산모가 목숨을 잃는 경우가 많았다. 게다가 어머니가 노산에 초산이었기에 뢴트겐은 많은 사람의 걱정과 기대 속에서 태어났다. 그런 귀한 아들의 탄생은 친척을 비롯한 많은 사람의 기쁨이었다.

하늘은 스스로 돕는자를 돕는다

뢴트겐의 아버지는 프로이센의 레네프(현재 독일의 렘샤이트)에서 직물 생산 및 판매업을 하고 있었지만, 매출 감소로 파산 위기에 몰렸다. 당시 세 살이었던 뢴트겐은 몰랐겠지만 이때가 그의 인생에 첫 번째 위기였다. 다행히 네덜란드의 수도 암스테르담이 고향인 어머니 덕에 암스테르담 근처 도시 아펠도른으로 이주할 수 있었고, 그곳에서 아버지가 무역업을 하게 되면서 다시 안정을 찾게 되었다.

어린 뢴트겐은 관찰력이 뛰어났고 기계도 능숙하게 다루었다. 아버지가 무역업을 했기 때문에 그 과정에서 다양한 물건을 접할 수 있었는데, 이것이 그가 진로를 결정하는 데 도움이 되었을 것이다.

뢴트겐은 아펠도른의 사립학교에서 기본 교육을 받았다. 그 후 대학 교육을 위해 상급 학교에 진학하려고 했지만, 그가 사는 동네에는 마땅한 학교가 없었다. 그래서 큰 도시인 위트레흐트에 있는 기술학교에 진학했다. 인문 고등학교는 아니었지만, 졸업만 하면 대학에 진학할 자격이 주어졌기에 그는 하숙을 하며 학교를 다녔다. 어려서부터 손재주가 좋았던 뢴트겐은 1861년부터 1863년까지 기술학교에서의 생활을 뛰어난 성적으로 마무리했다. 그런데 3년을 거의 채워 졸업만 하면 대학에 진학할 수 있는 그 시점에 큰 시련이 찾아왔다.

같은 반 학생 중 한 명이 선생님을 조롱하는 초상화를 그려서 붙인 것이다. 뢴트겐을 범인으로 오인한 선생님은 그에게 진짜 범인의 이름을 말하라고 추궁했으나 그는 친구를 지키고자 입을 굳게 다물었다. 이 일 탓에 그는 졸업을 앞둔 시점에 퇴학을 당하고 말았다. 단지 고등학교 졸업장을 받지 못한 정도가 아니라 대학 진학이라는 목표가 물거품이 되었다. 뢴트겐은 한동안 아무 일도 하지 않은 채 절망에 휩싸였다. 이 일은 훗날 그의 인생에 대학 진학과 교수 임용에 제한을 받는 등 많은 영향을 미쳤다.

뢴트겐은 고등학교 졸업장이 없이도 대학에 갈 수 있는 방법을 알아냈고, 1단계 대학 입학 자격 필기시험을 가볍게 통과했다. 그런데 2단계 구술시험에서 또 다른 문제가 생겼다. 2단계 시험의 시험관이 하필 뢴트겐을 퇴학에 이르게 한 선생님이었던 것이다. 결국 그는 형식적 절차에 불과했던 2단계 시험에서 낙방하면서 식음을 전폐하고 말았다.

1865년 그는 위트레흐트 대학교의 자연과학부 청강생으로 여섯 달 동안 강의를 들었다. 그 여섯 달 사이 대학 진학에 대한 그의 열망은 더욱 커졌다. 당시 고등학교 졸업장 없이 입학할 수 있는 대학으로 스위스의 취리히 공과대학이 있었는데, 그는 입학시험 응시를 위해 최선을 다해 공부했다. 그런데 입학시험을 얼마 남기지 않은 상황에서 결막염에 걸리고 말았다. 그 당시 결막염은 시력을 잃을 수 있는 무서운 병이었다. 결막염이 있는 상태로 공부를 계속하는 것은 무리였고, 취리히 공과대학으로 입학시험을 보기 위해 이틀 동안 기차로 이동하는 것 또한 병을 악화시킬 수 있었다.

계속된 시련에 좌절할 수도 있었지만, 그는 이번만큼은 포기하지 않았다. 그는 성적표와 진단서 등을 동봉한 편지를 보냈고, 대학은 긴 회의 끝에 그를 받아들이기로 결정했다. "하늘은 스스로 돕는 자를 돕는다"는 속담처럼 그는 많은 좌절을 이겨 내고 취히리 공과대학 기계기술학과에 입학했다.

연구밖에 모르는 물리학도

어렵게 대학에 진학한 뢴트겐은 전공 외에도 다양한 과목을 수강했고, 그중에서도 물리학에 매료되었다. 1868년 대학을 졸업하고 기계기술 관련 자격증을 취득했지만, 그는 물리학과 교수 아우구스트 쿤트의 조교가 되어 물리학 공부를 계속했다. 뢴트겐은 이곳에서 공부를 이어 나가 학교에 논문을 제출했고, 1869년 물리학 박사가 되었다.

쿤트 교수는 그의 인생에서 가장 큰 조력자였다. 그가 대학을 옮길 때마다 그를 조교로 데리고 다녔고, 후에 그의 교수 임용에도 큰 도움을 주었다. 물론 뢴트겐의 노력도 크게 작용했다. 취히리 공과대학에서 뷔르츠부르크 대학교로 옮겨 갔을 때는 저명한 실험물리학자였던 프리드리히 콜라우슈 교수가 쓴 논문의 오류를 밝혀내 물리화학 학회지에 발표하기도 했다. 그러면서 그의 이름은 점차 물리학자로 알려졌다.

> ⚙ **지식 더하기**　　　　　　　　　　　　　　　　⊗ ⊖ ⊘
>
> 아우구스트 쿤트
> 독일의 물리학자로 소리와 빛을 주로 연구했다. 그가 만든 일종의 음향 실험 장비인 쿤트관은 아직도 대학 강의에서 소개된다. 쿤트관의 원리는 다음과 같다. 코르크 먼지, 활석 또는 석송 같은 미세한 분말이 들어 있는 투명한 관 끝에 단일 주파수의 음원을 만드는 장치를 연결하면 관 속의 분말들이 특정한 패턴을 만들어 낸다. 쿤트관은 이를 이용해서 음속을 측정하고, 눈에 보이지 않는 소리의 파동(정확히는 정상파)을 보여 주는 데 사용한다.

방사선이 얼마나 나오는지 아니?

뛰어난 연구 실적에도 불구하고, 그는 고등학교 졸업장이 없었기에 뷔르츠부르크 대학교의 교수로 임용되지 못했다. 하지만 스트라스부르 대학교로 옮긴 쿤트 교수 덕에 1872년 조교수로 임용되었고, 그 후 열심히 연구해 다섯 편의 논문을 내리 발표했다. 마침내 1875년에는 호엔하임 대학교의 교수가 되었다. 교수가 되었지만 뢴트겐은 오히려 연구에 매진할 수 없었다. 그는 학자로서의 연구가 중요했기에 다시 쿤트 교수의 조교가 되어 여덟 편의 논문을 발표했다.

1879년 기센 대학교의 물리학 교수로 임용되면서 그는 연구에 집중할 수 있게 되었다. 1882년 드디어 뷔르츠부르크 대학교의 교수로 임용되었는데, 고등학교 졸업장이 없다고 입학하지도 못한 대학에서 실력으로 교수 자리를 따낸 것이었다. 1895년까지 그가 발표한 논문의 수가 44편에 달했다고 하니 얼마나 연구에 온 힘을 다했는지 알 수 있다.

모르니까 X, 엑스선의 발견

당시 유럽의 많은 물리학자는 음극선 실험에 몰두하고 있었다. 음극선cathode ray이라는 단어가 생소하겠지만, 1990년대 이전에 태어난 세대에게 브라운관이라는 단어는 낯설지 않을 것이다. 구형 텔레비전의 브라운관 모니터(CRT 모니터)가 바로 이 음극선관(CRT)이 상용화된 것이다. 과거 음극선에 대한 이 연구가 없었다면 우리는 라디오나 텔레비전을 사용하지 못했을 것이다.

음극선을 설명하기 앞서 음극선관이 어떻게 만들어졌는지 살펴보자. 음극선관처럼 진공 상태에서 전기가 흐르는 관을 '진공 방전관'이라고 부른다. 그 역사는 1859년 독일의 기계 기술자 하인리히 가이슬러가 만든 최초의 진공 방전관인 가이슬러관에서 시작한다. 독일 본 대학교의 물리학과 교수 율리우스 플뤼커의 의뢰로 만들어진 가이슬러관이 음극선 발견의 시작이었다.

플뤼커는 전류가 흐르는 현상을 연구했고, 그의 제자인 요한 히토르프가 음극선 현상을 최초로 발견했다. 그 후 1870년에 영국의 화학자이자 물리학자인 윌리엄 크룩스가 음극선 연구를 위해 진공관을 만들었는데, 이 관이 크룩스관이다. 그 후 1897년 독일의 물리학자 카를 페르디난트 브라운이 크룩스관에서 발전된 형태의 튜브인 음극선관을 최초로 만들었다. 그래서 음극선관(CRT)을 그의 이름을 따 브라운관Braun tube이라고도 부른다. (카를 페르디난트 브라운은 브라운관을 발명한 공로로 1909년 노벨 물리학상을 받았다.)

음극선은 '전자빔'이라고도 불리는데, 진공관에서 높은 전압을 걸어 줄 때 음극에서 방출되어 양극으로 향하는 전자들의 흐름을 의미한다. 1869년 독일의 물리학자 요한 히토르프가 크룩스관에서 음극선을 처음 관측한 후 1876년 독일의 물리학자인 오이겐 골트슈타인이 음극선이라고 명명했다. 1897년에는 영국의 물리학자 조지프 톰슨이 음전하의 입자를 밝혀냈다.

음극선은 사실 눈에 보이지 않는다. 다만 양극(+) 쪽 유리벽에 닿을 때 빛이 발생한다. 이때 중간에 특정 물체를 놓아 가리면 그림자가 나타난다. 보통의 과학자들은 음극선 자체의 정체를 집중적으로 연구했다. 하지만 뢴트겐은 그 외적인 결과에 관심을 두었다.

그는 독일의 물리학자 필리프 레나르트의 음극선 실험 결과를 여러 번 재현하고 검증하는 과정에서 새로운 발견을 했다. 크룩스관을 검은 천으로 가렸는데도 어떤 광선이 나와 백금 시안화 바륨 결정에 반응해 빛을 내는 것이었다. 이는 기존에 알고 있던 음극선의 성질이 아니었다. 크룩스관 앞에 여러 물체를 두고 투과 여부를 실험했고, 이 광선이 납은 통과하지 못한다는 것을 알아냈다. 그리고 여러 차례의 실험을 통해 그는 자신의 생각이 틀리지 않음을 확신했다.

현상을 확인했지만 그 원인을 확실히 알 수 없었기에 뢴트겐은 이 광선을 미지의 선이라는 의미로 '엑스선X-rays'이라고 명명했다. 이때가 1895년이었다. 그는 여기서 또 하나의 새로운 아이디어를 냈다. 바로 엑스선과 사진 촬영을 접목하는 것이었다.

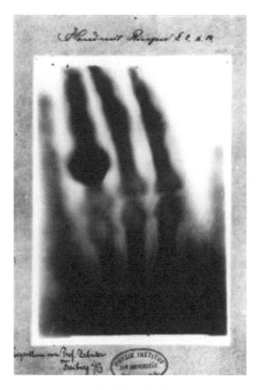

최초의 엑스선 사진

화학 반응을 일으키는 감광 물질을 바른 불투명한 건판 위에 아내의 손을 올려둔 후 크룩스관을 그 위에 두었고 15분간 노출시켰다. 그렇게 약 한 달 후 세계 최초의 엑스선 촬영이 탄생했다. 엑스선 사진을 본 그의 부인은 너무 놀란 나머지 "나는 죽음을 보았다"라고 말했다고 한다.

방사선이 얼마나 나오는지 아니?

그해 뢴트겐은 〈새로운 종류의 광선에 관하여〉라는 논문을 출판했다. 이 논문은 다음 해 오스트리아의 신문에 새로운 광선이 발견되었다고 실릴 정도로 주목을 받았다. 이후 그는 엑스선에 대한 세 편의 논문을 썼다.

그의 발견은 여러 파장을 몰고 왔다. 독일의 황제 빌헬름 2세 앞에서 엑스선 촬영을 직접 선보이기까지 했다. 그보다 먼저 음극선 실험을 수행한 많은 과학자는 자신이 먼저 발견한 것을 빌헬름 뢴트겐이 가로챘다고 시기했다. 특히 필리프 레나르트는 그가 자신의 실험을 통해 엑스선을 발견했음에도 자신에 대한 공을 인정하지 않은 점, 최초의 노벨 물리학상을 본인이 아닌 뢴트겐이 받은 점 등을 들어 가며 그를 비난했다.

엑스선을 바라보는 사람들의 반응도 상반되었다. 어떤 사람들은 엑스선을 만병통치의 수단으로 생각했고, 반대로 죽음의 광선이라고 부른 사람도 많았다.

핵물리학의 시대를 열다

1800년대 말에 나온 최고의 발명품을 두 개 뽑는다면 엑스선과 라듐일 것이다. 라듐은 퀴리 부부가 1898년 발견했고, 엑스선은 뢴트겐의 작품이었다. 그만큼 위대한 업적이었기에 1901년 처음 제정된 노벨상에서 물리학상은 뢴트겐이 받았다. 그는 상금이나 명예보다는 순수한 연구에 몰두하고자 했다. 그래서 막대한 노벨상 상금을 뷔르츠부르크 대학교에 기부했다. 그뿐만 아니라 엑스선을 자신의 이름을 붙여 '뢴트겐선'으로 부르는 것조차 거부했다. 심지어 자신은 엑스선을 발명한 것이 아니라 '발견'했다는 점을 들어 특허권 또한 신청하지 않았다. 그는 1900년부터 뮌헨 대학교의 물리학과 주임교수이자 실험물리학 연구소 소장을 역임하며 자신만의 연구를 계속해 나갔다.

뢴트겐은 제1차 세계대전에 독일이 패배하면서 인플레이션(화폐 가치 하락으로 물가가 계속 오르는 현상)에 시달렸기 때문이기도 했지만, 그의 욕심 없는 삶의 자세 탓도 있었다. 뢴트겐은 말년에 경제적으로 많이 힘들었다. 하지만 그는 1919년 은퇴한 후에도 묵묵히 연구를 계속하다가 3년 후 생을 마감했다.

뢴트겐이 엑스선을 발견한 덕에 원자의 내부 구조가 밝혀졌고, 핵물리학이 발전했다. 그뿐 아니라 DNA의 구조도 엑스선 회절 사진으로 밝혀졌다.

프랑스 물리학자 베크렐은 자신의 연구와 엑스선을 연결했다. 그는 빛을 내는 모든 암석은 엑스선을 발생시킬 것이라는 가정이 틀리다는 것을 실험적으로 증명했고, 우라늄이 스스로 방사선(그 당시는 정체를 알 수 없어서 알파입자 혹은 알파선으로 불렀다)을 낸다는 것을 발견했다. 퀴리 부부는 뢴트겐과 베크렐의 연구를 이어받아 라듐과 폴로늄을 발견했다. 뢴트겐의 연구는 방사선 연구의 시작이었다.

평생 학자의 삶을 살아온 그는 진정 진단방사선학의 아버지 혹은 핵물리학의 시작이라고 할 수 있다.

R이 아니라 뢴트겐

단위 '뢴트겐'은 대문자 'R'로 표기한다. 여기서 먼저 짚고 넘어가면 좋은 용어들이 있다. 바로 방사성 원소, 방사선, 방사능이다. '방사성 원소'는 원자핵이 붕괴되면서 에너지를 내뿜는 원소를 말한다. '방사선'은 이 방사성 원소가 방출하는 에너지를 말한다. 알파선, 베타선, 감마선, 엑스선 등이 방사선이다. '방사능'은 방사성 원소가 방사선을 방출하는 능력을 말한다.

방사능과 방사선에 가장 많이 사용되는 단위는 베크렐(Bq)이고, 목적에 따라 그레이(Gy)와 시버트(Sv)도 쓰인다. 공교롭게도 모두 과학자의 이름에서 따온 단위들인데, 베크렐은 퀴리(Ci)와 함께 방사능의 세기를 표시할 때 사용한다. 그레이는 흡수선량 단위로 어느 정도의 방사선 에너지를 흡수하는지를 표시한다. 시버트는 인체에 흡수된 방사선의 양과 방사선의 종류를 곱해 인체에 미치는 영향의 정도를 표시한다.

뢴트겐은 조사선량의 단위이며, 엑스선과 감마선 같은 방사선의 단위로 사용된다. 1뢴트겐은 표준 상태의 1세제곱센티미터의 공기에서 1정전단위(esu)의 이온 전하가 발생했을 때의 방사선 총량이다. 여기서 1정전단위는 전자 2.08×10^9개에 해당한다. 2006년에 단위 뢴트겐은 국제단위계에 포함되었으나 현재는 제외되어 그레이나 킬로그램당쿨롱(C/kg)으로 대체해 사용하고 있다. 1뢴트겐은 8.77밀리그레이(mGy)다. 대략적으로 강도를 설명하면, 500뢴트겐 이상의 방사선에 5시간 이상 노출되면 사람은 죽을 수 있다.

사실 뢴트겐이 엑스선을 발견했을 당시만 해도 방사선이란 개념이 없었다. 이 개념은 후에 퀴리 부부가 붙인 것이다. 따라서 모르는 미지의 것을 'X'라고 표기했고, 이를 지금까지 사용하고 있다.

5

방사능이

퀴리(Ci)

얼마나 흔하게?

1867~1934

마리 퀴리

마리 퀴리

Marie Curie

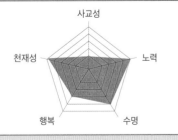

그때는 방사능이 위험한지 몰랐지

프로필

출생·사망	1867년~1934년
국적	폴란드, 프랑스(결혼 후)
직업	물리학자, 화학자
특이사항	소문만 노벨상 맛집

이름에서 유래한 단위

단위 종류	비SI 단위
측정 대상	방사능
쓰는 법	Ci
읽는 법	퀴리

연관 검색어

노벨 물리학상(1903년)

노벨 화학상(1911년)

폴로늄(84번 원소)

라듐(88번 원소)

퀴륨(96번 원소)

재미로 보는 인물 그래프

사교성

천재성

노력

행복

수명

예능 프로그램에서 자주 하는 게임 중 하나가 '이어 말하기'다. 게임의 규칙은 간단하다. 합성어에서 앞의 단어를 제시하면 뒤에 오는 단어를 맞추는 것이다. 만약 네 글자로 이루어진 단어의 퀴즈에서 '퀴리'를 제시하면 어떨까? 많은 사람이 뒤에 '부인'을 외칠 것이다. 비슷한 이야기로 요즘은 덜하지만, 예전만 해도 '마리 퀴리'가 아닌 '퀴리 부인'이라는 제목으로 출간되는 책이 많았다. 이름이 아니라 부인으로 불린 이유는 무엇일까?

'퀴리'라는 성은 남편인 피에르 퀴리와 결혼하면서부터 사용했고, 남편과 함께 연구한 것을 바탕으로 노벨 물리학상을 받았기 때문이다. 하지만 분명한 것은 여성이 활동하기 힘들었던 1900년대 초 여성 과학자로서 그의 입지는 남편을 넘어섰다.

참고로 마리 퀴리의 첫째 딸인 이렌 퀴리 역시 남편인 프레데리크 졸리오 퀴리와 함께 노벨상을 받았는데, 이들 부부는 결혼 후에 남편의 성인 졸리오와 퀴리를 동시에 사용했다. 마리 퀴리의 둘째 딸인 이브 퀴리도 비슷한 선택을 했고, 그의 남편인 헨리 라부이스 퀴리도 유니세프 대표로서 노벨 평화상을 받았다. 이로써 퀴리 가문에서는 마리 퀴리가 두 차례 노벨상을 받는 것을 포함해 여섯 명의 노벨상 수상자가 배출되었다.

러시아의 지배 속에서

2022년 러시아의 우크라이나 침공은 전 세계에 적지 않은 충격을 주었다. 유럽은 에너지난에 시달렸을 뿐만 아니라 전 세계적으로 물가가 치솟았다. 경제적 충격뿐 아니라 정치적인 충격도 상당히 컸다. 이런 상황에서 가장 긴장하고 혹시 모를 사태에 대비한 나라가 폴란드다.

폴란드에는 아픈 역사가 있다. 폴란드는 1795년부터 러시아와 프로이센, 오스트리아에 의해 나라가 셋으로 나뉘어 지배를 당했다. 1918년 독립했지만, 제2차 세계대전 후 폴란드 서부 영토는 독일, 동부 영토는 러시아의 지배 아래 혹독한 탄압을 받았다. 그들은 종교, 언어, 글자, 역사를 빼앗겼다. 탄압은 학교에서도 계속되었다.

폴란드 바르샤바에서 태어난 마리 퀴리도 당연히 그 영향을 받았다. 마리 퀴리, 그러니까 결혼하기 전의 이름 마리아 스크워도프스카 마냐, 안히우페치오, 마니우쉬아 등으로 불리던 어린 시절, 그의 아버지는 남자 고등학교의 교감이자 물리 교사로 근무했다. 아버지가 물리 교사였던 것은 마리 퀴리의 삶에 여러 방향으로 영향을 미쳤다. 아버지 서재의 실험 기구들이 마리의 놀이기구가 되었고, 서재의 책은 그가 어려서부터 책을 좋아하게 된 배경이 되었다. 아버지는 틈틈이 아이들에게 많은 것을 가르쳐 주었다.

러시아의 지배로 학교에서는 러시아어로만 수업을 진행했다. 그런 상황에서 폴란드의 언어와 역사를 중시하던 마리 퀴리의 아버지는 마리가 여섯 살이 되던 1873년에 교감 자리에서 밀려나 평교사가 되었고, 결국 해고를 당했다. 이 일로 가족들은 가난에 시달리게 되었다. 그 가난은 나비효과를 일으켜 가족들의 생사를 결정하는 일로 이어지고 말았다.

마리의 집안은 생활비를 벌기 위해 집을 기숙형 남자 사립학교로 운영했다. 20여 명이나 되는 남학생들의 왁자지껄함 속에서 가난은 다소 해소되었지만, 마리는 조용히 책을 읽을 작은 행복을 잃게 되었다. 거기다 학생 중 한 명이 장티푸스에 걸리는 바람에 당시 열두 살인 큰언니 조시아가 세상을 떠나기도 했다. 죽음의 그림자는 마리의 어머니에게도 향했다. 이미 결핵을 앓고 있던 어머니는 1878년 마리가 열 살 무렵 세상을 떠나고 말았다.

자식들도 결핵에 감염될까 다른 어머니들처럼 살가운 엄마는 되지 못했지만, 어머니는 마리에게 손재주를 물려주었다. 그녀는 요양 중에도 가족들의 신발을 만들어 줄 정도로 손재주가 좋았는데, 마리가 실험에 사용한 실험 기구들을 만드는 능력은 분명 어머니로부터 물려받은 것일 터였다.

러시아의 지배 아래 살며 가난에 시달렸고, 언니와 어머니까지 잃은 그가 의지할 곳이라고는 책과 학교밖에 없었다. 책을 읽는 동안 어찌나 집중했던지, 주변에 의자 여러 개가 쌓이는 것도 몰랐다는 일화도 전해진다.

하지만 학교에서는 러시아말로 러시아 문화를 배워야 했고, 평소에도 러시아어로 생활해야 했기에 학교 생활은 쉽지 않았다. 학교에서 몰래 폴란드어와 폴란드 역사를 가르치긴 했지만, 수시로 감시하는 행정관들이 학교에 들이닥쳤다. 마리 퀴리는 같은 학년보다 어렸지만 늘 1등만 하는 똑똑한 학생이었기에 행정관들이 올 때면 대표로 그들의 질문에 답을 해야 했다. 그래서 "너희를 다스리는 사람이 누구냐" 질문에 러시아 황제 이름을 답해야 하는 치욕스러운 일도 감당해야만 했다.

여자라서 대학을 못 간다고?

마리는 1883년 열여섯 살의 어린 나이로 바르샤바 공립고등학교를 수석으로 졸업했다. 하지만 그에게 졸업은 새로운 기회가 아니라 좌절의 순간이었다. 당시 폴란드에서는 남자만 대학에 진학할 수 있었다. 수석으로 졸업을 했다고 해도 아무런 기회가 주어지지 않았다. 독일이나 프랑스에서는 여자도 대학에 갈 수 있었지만 결국은 가정형편이 발목을 붙잡고 말았다.

마리의 오빠는 남자였기에 의대에 진학할 수 있었다. 둘째 언니 브로니스와바 역시 의대에 가고 싶어 했지만, 여자인 데다 어머니의 빈자리를 대신해야 했기에 대학에 갈 수 없었다. 셋째 언니는 헬레나 성악을 전공했다. 이런 상황에서 마리가 선택할 수 있는 것은 없었다. 그는 방황하던 중 폴란드 남부 시골에 가게 되었다.

그곳에서 마리는 전과 같지 않은 1년을 보냈다. 공부도 하지 않고 파티에 다니기도 했으며 늦잠을 자기도 했는데, 이런 내용은 그가 쓴 편지에 고스란히 남아 있다. 그곳에서 그렇게 시간을 보내며 몸과 마음의 건강을 회복한 마리는 새로운 삶의 방향을 선택했다.

둘째 언니 브로니스와바는 의사가 되려 했는데 그러려면 돈을 모아 파리의 소르본 대학교에 진학해야 했다. 파리에서 공부를 하려면 돈이 많이 필요했다. 2년 동안 돈을 모아 파리로 가는 교통비와 1년 학비, 생활비를 마련한 브로니스와바는 파리로 향했다. 이때 마리의 공이 컸다. 마리가 시골에서 돌아와 가정교사를 하면서 돈을 벌어 언니에게 보냈고, 그 돈으로 브로니스와바는 의대에서 공부할 수 있었다. 1885년부터 시작된 가정교사 일은 1891년 마리가 스물네 살이 되어 소르본 대학교에 입학할 때까지 계속되었다. 브로니스와바가 마리의 도움으로 의대를 졸업하고 의사가 되어 그를 후원할 수 있게 된 것이다.

여자, 폴란드인, 가난한 학생이었던 마리는 온갖 시련을 이겨내고 소르본 대학교에서 열심히 공부했다. 그때 소르본 대학교의 전교생 1800여 명 중 여학생은 20여 명뿐이었다. 더구나 과학을 전공하는 여학생은 거의 없었다. 마리는 공부에 매진하기 위해 언니의 집에서 나와 학교 근처의 다락방을 얻었다. 끼니도 제대로 챙기지 못하면서 오로지 공부에만 매달리다 보니 몸이 약해져 다시 언니와 함께 산 적도 있지만, 그는 실험실과 도서관, 집에서 공부만 열심히 했다. 그런 노력 덕분에 1년 반 만에 물리학 학위를 취득했을 뿐만 아니라 1등으로 졸업했다.

물리학 학위를 받은 후 마리는 잠시 바르샤바로 돌아갔다가 바로 수학 공부를 시작했다. 1893년 9월부터 수학을 공부하기 시작해 1년도 채 지나지 않은 1894년 7월 학위를 받기도 했다. 폴란드에서 주는 유학생 장학금과 교수의 연구를 도우며 수학을 공부하던 때, 마리는 운명의 상대를 만났다.

마리 퀴리가 되기까지

1894년 마리는 스물일곱 살인 자신보다 여덟 살 많은 서른다섯 살의 피에르 퀴리를 만났다. 그들의 만남은 교수의 주선으로 이루어졌는데, 금속의 자성을 연구하는 연구실을 구하고자 하는 목적이 있었다. 그들은 연구라는 목적 외에 또 다른 것도 이루었으니 바로 사랑이었다.

그들은 자신들이 연구한 자석의 S극과 N극처럼 자연스럽게 끌려 결혼하게 되었다. 1895년 시청에서 소박하게 치러진 결혼식 후 그들은 결혼 선물로 받은 자전거를 타고 신혼여행을 떠났다. 그들의 결혼으로 마리는 마리아 스크워도프스카에서 마리 퀴리가 되었다. 그 유명한 퀴리 부부가 탄생한 것이다.

결혼 후에도 마리는 열심히 공부해 중등 교사 시험에 1등으로 합격했다. 거기서 머무르지 않고 빌헬름 뢴트겐의 엑스선과 앙리 베크렐의 우라늄 발광 현상에서 영감을 얻어 그 주제로 박

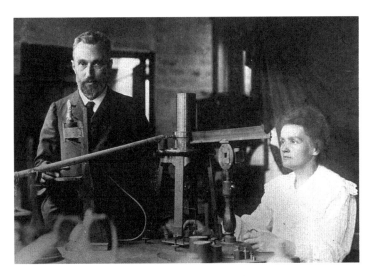

실험실에서 함께 연구하고 있는 퀴리 부부

마리 퀴리

사학위를 따고자 연구했다. 그 당시 여성 중에서는 과학 분야 박사가 없었기에 무엇을 하든 그가 최초였다. 하지만 여자였고 폴란드 출신이었기에 마리의 연구는 제대로 평가받지 못했다. 그저 저명한 과학자 피에르 퀴리의 부인으로만 인식되고 있었다.

하지만 마리에게 결혼은 여러 의미가 있었다. 든든한 연구의 동반자가 생긴 것이자 피에르 퀴리가 발명한 퀴리 전위계는 그의 연구에 중요한 실험 기구가 되었다. 뿐만 아니라 마리는 첫째 딸 이렌 퀴리와 둘째 딸 이브 퀴리를 낳았다. 그가 연구하는 동안 아이들을 돌봐 주는 피에르의 아버지 외젠 퀴리와 한 가족이 되었다는 점이 연구에 집중할 수 있는 든든한 버팀목이 되었다.

새로운 원소 폴로늄과 라듐

우리가 살아가는 세상은 무엇으로 구성되어 있을까? 바로 원소다. 이 세상이 무엇으로 구성되느냐에 대한 생각은 아리스토텔레스의 5원소설에서 2,000년간 갇혀 있었다. 아리스토텔레스는 세상이 물, 불, 흙, 공기, 에테르로 구성되어 있다고 주장했고, 이는 아주 오랫동안 사실로 받아들여졌다.

1800년대 이후 로버트 보일의 원소 개념에 추가적으로 앙투안 라부아지에가 발견한 33종의 근대적 원소(산소, 수소, 질소 등)가 확정되었다. 이후 돌턴의 원자설을 거쳐, 원소를 구성하는 양성자, 중성자, 전자의 존재가 발견되면서 세상을 구성하는 물질에 대한 논란은 마침표를 찍는 듯했다. 하지만 1964년 쿼크의 개념이 제안된 이후 여섯 종의 쿼크가 발견되면서 원소 설은 새로운 국면을 맞이했다.

퀴리 부부가 연구한 1900년 초에는 이미 러시아의 화학자 드미트리 멘델레예프가 원소의 주기율표까지 작성한 상태였지만, J. J. 톰슨의 음극선 실험(1897년), 어니스트 러더퍼드의 알파입자 산란실험(1911년), 제임스 채드윅의 중성자 실험(1932년) 등을 통한 전자와 원자핵 중성자의 존재가 모두 발견되기 전이었다. 즉 원자의 존재는 알지만 그 구조는 정확히 알지 못한 때였다. 따라서 다음과 같은 마리의 주장은 1903년 노벨 물리학상을 받고, 박사학위를 받을 때까지 받아들여지지 않았다.

1. 방사능을 측정하면 새로운 원소를 발견할 수 있다(새로운

방사능 물질은 새로운 원소다).

2. 방사능은 원자 고유의 특성이다.

물론 이때 퀴리 부부는 원자핵의 개념을 몰랐기 때문에 방사능을 원자 자체의 특성이라고 주장한 것이다.

앙리 베크렐은 우라늄이 스스로 빛을 내는 현상을 우연히 발견했지만, 그 원인은 찾지 못했다. 퀴리 부부는 수천 번의 실험 끝에 우라늄 외에 토륨에서도 같은 발광 현상이 일어남을 알아냈고, 이처럼 스스로 빛을 내는 성질을 '방사능'이라고 명명했다.

'피치블렌드' 혹은 '역청 우라늄'이라고 불리는 우라니나이트에서 우라늄을 제거해도 훨씬 강한 빛이 나왔기에 퀴리 부부는 우라니나이트 안에 다른 원소가 존재할 것이라고 생각했다. 그래서 우라니나이드를 부수고 끓인 후 식혀 원소들을 분리해 나갔다. 많은 실패와 좌절을 겪은 후 1897년 우라늄보다 방사능이 400배 강한 원소를 찾아냈고, 마리는 조국 폴란드의 이름을 따 이를 '폴로늄Polonium'으로 명명했다. 그다음 해에는 우라늄보다 900배 강한 방사능을 내는 원소를 찾았다. 이 원소는 '라듐'으로 명명했다. 라듐의 존재를 증명하기 위해 1902년까지 8톤이 넘는 우라니나이트를 이용해 0.1그램의 라듐을 분리해 냈다.

1903년 마리는 피에르 퀴리, 앙리 베크렐과 함께 노벨 물리

어둠 속에서 빛나는 라듐

학상을 받았다. 최초의 여성 노벨상 수상자였다. 그의 오랜 노력이 열매를 맺은 것이다. 하지만 퀴리 부부는 자신들도 모르는 사이 방사능에 계속 노출되었다. 몸은 날로 약해졌기에 수상을 위해 떠나는 장기간의 여행은 불가능했다. 그 때문에 1905년에야수상 소감을 말할 수 있었다.

인류애 넘치는 과학자

퀴리 부부는 오랜 시간 노력하고, 심지어 건강까지 해쳤는데도 라듐 분리 방법에 대한 특허를 내지 않았다. 그들은 과학지식은 상업화해서는 안 된다고 생각했다. 그들은 방사능이 인류에 해가 될 수도, 득이 될 수도 있다는 것을 항상 염두에 두었다. 마리는 가정교사 일을 할 때부터 지식이 사회를 바꾸는 힘이 될 수 있다고 생각했다. 러시아의 지배를 받던 시절, 그는 야학을 운영하며 시골 아이들에게 폴란드어와 역사, 수학 등을 가르쳤는데, 이는 목숨을 건 일이었다. 하지만 마리는 교육이 폴란드 국민의 해방에 도움이 된다고 생각했다.

마리는 원래 소르본 대학교에서 학위를 마친 뒤 고향으로 돌아가 학교에서 일할 생각이었다. 야학 때와 마찬가지로 자신의 지식을 조국을 위해 쓰고자 했다. 하지만 피에르를 만났고, 그와 결혼하면서 파리에 남게 되었다. 수학 학위를 따고, 교사 시험을 보고, 박사학위를 준비하며 노벨상도 탔지만, 운명의 장난인지 마리는 1906년 남편이 마차 사고로 세상을 떠난 뒤에야 소르본 대학교 최초의 여성 교수가 되었다. 자신의 지식을 나눈다는 생각을 모교인 소르본 대학교에서 실천한다는 것은 큰 보람이자 영광이었지만 남편의 빈자리는 컸다. 마리는 그 빈자리를 채우기 위해 노력했다. 그는 연구와 함께 강의를 열심히 준비했고, 최고의 강의로 명성을 얻었다.

1907년부터 2년간은 동료 교수들과 함께 교수들의 자식들을 가르쳤다. 각자의 분야를 품앗이하듯 나눈 것이다. 2년 동안 이어진 마리의 강의 내용은 당시 수업을 들었던 이자벨 샤반느라는 학생의 수업 노트가 우연히 발견되면서 세상에 알려졌다.

실험을 한 뒤 왜 그런 결과가 발생했는지를 질문하고 설명하는 방식으로 학생 스스로 생각하고 공부할 수 있게 했다. 그가 강의한 주제는 공기와 진공, 공기의 무게 측정, 아르키메데스의 원리, 무게, 밀도 측정, 부력, 기압 등 다양했다. 노벨상 수상자로서 연구에만 몰두해도 시간이 부족했을 텐데 자신의 지식을 아이들 및 학생들과 나누는 일에도 최선을 다했음을 알 수 있다.

인류를 위한 마리의 실천적 노력은 제1차 세계대전 기간에도 이어졌다. 바로 '프티 퀴리'에 대한 이야기다. 제1차 세계대전으로 많은 병사가 목숨을 잃었다. 그 와중에 마리는 첫째 딸 이렌 퀴리와 함께 엑스레이 장치를 실은 차량을 만들었다. 엑스레이는 총상을 입은 병사들의 목숨을 구할 수 있는 획기적인 장치였다. 방사능을 인류를 위해 이롭게 사용한 것이다. 병사들은 이 차량을 '프티 퀴리'라고 불렀다. 전쟁 중에 시행한 엑스레이 촬영

⚙ 지식 더하기　　　　　　　　　　　⊗ ⊖ ◔

이렌 퀴리

이렌은 엄마인 마리 퀴리의 실험실 조수로 있던 프레더릭 졸리오와 결혼한 뒤 마리의 연구를 계속 진행했다. 이렌과 졸리오 부부는 비방사성 원소가 실험실에서 방사성 원소로 변환될 수 있음을 입증하는 인공 방사성을 발견한 공로로 1935년 남편과 함께 노벨 화학상을 받았다. 마리가 방사능의 위험성을 제대로 몰랐다면, 반대로 이렌은 그 위험성을 알았지만 위험을 감수하고 연구를 진행했다. 결국 이렌 퀴리는 1956년 백혈병으로 사망했다.

마리 퀴리

이 100만 번이 넘었다고 한다. 1918년 전쟁은 끝났고, 그는 조국 폴란드의 독립을 맞이하며 기뻐할 수 있었다.

라듐 없는 라듐 연구소

1903년 노벨 물리학상에 이어, 1911년 노벨 화학상까지 수상한 마리는 연구를 계속했다. 1914년 파리에 세워진 연구소에는 '라듐 연구소-퀴리관'이라는 이름이 붙었고, 연구소가 있는 거리는 '퀴리가'로 불렸다. 제1차 세계대전이 끝나고 라듐 연구소를 세웠지만, 그가 가진 라듐은 겨우 1그램밖에 되지 않았다. 연구를 하기에는 턱없이 부족한 양이었다. 이 사실이 알려지면서 미국에서는 라듐 보내기 운동이 벌어졌다. 미국 여성들은 10만 달러가 넘는 돈을 모아 라듐 1그램을 그에게 기증했다. 나아가 1925년 마리의 조국인 폴란드 바르샤바에 세워진 퀴리 연구소에도 1그램의 라듐이 추가로 보내졌다.

마리는 오랜 시간 방사능에 노출되면서 연구를 지속했다. 열이 나고 앞이 보이지 않을 정도로 피로에 시달리면서도 연구를 계속했고, 결국 1934년 세상을 떠났다.

현재 방사선은 농업·산업·환경·의학 분야에서 다양하게 활용되고 있다. 방사선 자극을 통해 돌연변이의 발생 빈도를 높여 유전자조작식품(GMO)보다 안전하게 새로운 품종을 만들기도 하고, 비파괴 검사, 공기 중 오염물 제거, 폐수 처리 등에도 사용된다. 뿐만 아니라 암세포를 찾아내고 치료하는 데도 사용된다.

방사능의 정의를 내리고, 방사능 피폭으로 화상을 입고, 결석이 생기며, 악성 빈혈에 시달리면서도 끝까지 연구를 수행한 마리 퀴리가 없었다면 과연 이 모든 것을 우리가 누릴 수 있을까?

매일 방사능에 노출되고 있다고?

방사능 양을 측정하는 단위인 퀴리(Ci)는 피에르 퀴리와 마리 퀴리를 기리기 위해서 선정되었다. 그들 가족의 업적에 대한 보상이라 할 수 있다. 퀴리는 1초 동안 붕괴해 방사선을 방출하는 원자의 개수를 나타내며, 베크렐(Bq), 디피에스(dsp)등과 함께 방사능의 세기를 나타낼 때 사용된다. 1퀴리는 37기가베크렐(GBq)과 같다. 즉 초당 370억 개의 원자가 붕괴하는 방사능을 가리킨다. 이는 대략 퀴리 부부가 처음 발견한 원소인 라듐-226 1그램의 방사능과 같다.

방사능 관련 단위는 일상생활에서 자주 사용할 일이 없는 편이다. 하지만 우리가 간과해서는 안 되는 것이 바로 생활 속에서도 우리는 항상 방사능에 노출되어 있다는 사실이다. 평소 방사능과 가장 관련 있는 것은 병원 진료다. 가슴 엑스선 사진을 찍게 되면, 약 0.1밀리시버트(mSV)에 노출되는데 이는 일반인의 연간 허용치인 5.0밀리시버트의 50분의 1이다. 엑스선과 같이 인간에 의해 인위적으로 만든 방사선을 '인공 방사선'이라고 한다.

그럼 병원에 가지 않으면 방사능에 노출되지 않는 것일까? 지구, 더 나가 우주에는 수많은 방사선 원소들이 존재하고, 그것들은 계속해서 붕괴되며 방사선을 내뿜는다. 이런 것을 '자연 방사선'이라 한다. 따라서 우리는 언제나 방사선에 노출될 수밖에 없다. 오늘 아침에 먹은 식빵과 우유 한 잔에도 많지 않지만 방사성 원소가 있다. 우주로부터 날아오는 방사선, 공기중의 라돈 가스로 인한 방사선 등 다양한 방사선에 노출되어 평범한 지구인은 1년에 약 3밀리시버트의 방사선에 노출된다.

안타깝게도 퀴리 부부는 연구 과정에서 막대한 양의 방사선에 노출되었다. 이 사실이 퀴리 부부의 관을 파리의 팡테옹으로 이전하는 과정에서 밝혀지게 됨에 따라 퀴리 부부는 납으로 특수 제작한 관에 안장되었다.

마리 퀴리의 노트에서도 약 3.2마이크로퀴리(μCi) 수준의 방사선이 나왔는데, 이는 120킬로베크렐(kBq)에 해당하는 수치다. 동일본 대지진 직후에 후쿠시마 해역에서 잡힌 생선에서 검출된 방사선 양의 5,000배가 넘는 수치라고 한다.

자신의 건강을 버려 가면서 얻은 업적이기에 방사능의 단위를 그들의 이름에서 따온 것은 어쩌면 당연한 일일 것이다. 더하여 원자번호 96번의 퀴륨 역시 그들의 이름에서 따온 것이다.

6

소리가

벨(B)

얼마나 큰지 들어 봐

1847~1922

알렉산더 그레이엄 벨

알렉산더 그레이엄 벨

Alexander Graham Bell

누가 먼저 만들었는지는
중요하지 않아

프로필

출생·사망	1847년~1922년
국적	미국(스코틀랜드 출생)
직업	과학자, 발명가, 교사
특이사항	노블리스 오블리주의 대명사

이름에서 유래한 단위

단위 종류	비SI 단위
측정 대상	소리의 강도(음압 레벨), 전력 등
쓰는 법	B
읽는 법	벨

연관 검색어

전화기

헬렌 켈러

금속 탐지기

수중익선

내셔널 지오그래픽

재미로 보는 인물 그래프

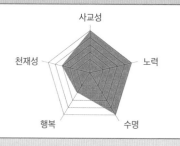

'벨bell'하면 떠오르는 단어는 무엇일까? 여기서 세대를 구분할 수 있다. 보통의 40대 이상의 성인은 전화기의 벨소리를 떠올릴 것이다. 조금 더 나아가서 전화기의 발명가로 알려진 알렉산더 그레이엄 벨을 떠올리기도 한다.

그럼 벨이라는 단어는 언제 어디서부터 사용되었고, 이들의 관계는 무엇일까? 결론부터 말하자면 생각보다 큰 연관성이 없다. 이들은 모두 영어 단어로 'bell'을 사용하긴 하지만, 벨소리의 벨이 훨씬 오래전부터 사용되었고, 이 단어는 여러 파생어를 만들어 냈다. 예전에 서양에서는 자신이 하던 일의 종류가 성family name이 되는 경우가 종종 있었기에 발명가 벨의 성이 그 집안의 과거와 관련이 있을 수는 있으나 알려진 바가 없다. 하지만 알렉산더 그레이엄 벨의 가족은 분명 그 이름과 관련된 일을 했다.

소리는 내 운명

소리와의 운명적 연결은 벨이라는 가족의 성에서부터 시작되었을지 모른다. 하지만 그뿐만 아니라 그의 인생에는 소리와의 운명적인 연결점이 많이 존재한다.

그의 할아버지와 아버지는 청각 장애인을 위한 발성법을 연구하고 가르쳤다. 소리를 듣지 못하는 청각 장애인의 경우 대부분 말을 할 수 없었다. 언어 능력은 보통 소리를 듣고 입 모양을 보고 배우면서 발달한다. 코로나19 시대에 마스크를 쓰면서 유아들의 언어 습득 능력이 떨어지고 발음이 좋지 않아졌다는 보고를 보면 위 내용이 이해가 간다.

우리 한글의 자음이 발음 기관의 모양을 본떠서 만들었듯이, 벨의 아버지는 소리를 내기 위한 기호를 만들어 청각 장애인에게 가르쳤다. 기호를 보고 혀와 입 모양 등의 발음 기관을 어떤 모양으로 만들어야 하는지 가르침으로써 청각 장애인들이 말할 수 있게 도운 것이다. 벨은 형제들과 함께 아버지가 만든 기호로 다양한 소리를 표기했고, 동물에게 말을 가르쳤으며, 발음 기관을 흉내 낸 여러 기구를 만들었다는 일화가 전해진다.

벨에게는 불행한 일이었지만, 가족도 그가 소리 연구에 집중하는 원인이 되었다. 그의 어머니는 선천적으로도 청력이 약했는데, 나중에는 완전히 청력을 잃어 청각 장애인이 되었다. 그뿐 아니라 벨의 아내 메이블 역시 청각 장애인이었다. 메이블은 사실 벨의 연구에 투자한 사업가의 딸이자 자신이 가르치던 학생이었으나 후에 결혼을 한 것이다. 가족이자 사업 파트너였던 셈이다. 거기다 벨이 벨텔레폰컴퍼니를 세울 때 재무 담당이었

알렉산더 그레이엄 벨의 가족
벨의 아내인 메이블은 청각 장애인이었다.

던 토머스 샌더스의 아들 역시 청각 장애인이었다.

그가 소리에 관심을 가지고 여러 발명을 이어간 것은 소리와 운명처럼 연결된 보이지 않는 선이 존재해서는 아니었을까?

최초의 전화기 발명가?

벨의 업적을 높이 사 그의 이름을 딴 단위가 생기기도 했지만, 그가 전화기를 최초로 발명한 사람이라는 주장에는 많은 논란이 있다. 심지어 그를 사기꾼으로 취급하는 사람도 있을 정도다.

　2002년 미국 하원의회는 알렉산더 그레이엄 벨이 아니라 이탈리아의 발명가 안토니오 메우치를 최초의 전화기 발명가로 공식 인정했다. 그런데 그로부터 며칠 후에 캐나다 의회는 벨을 전화기의 발명가로 결의했다. 이는 벨이 전화기를 발명한 것이 그가 미국으로 국적을 바꾸기 전, 즉 캐나다인이었을 때여서라는 주장이 있다.

　사실 전화기의 원리는 이미 1837년에 미국의 물리학자이자 내과 의사였던 찰스 페이지가 제시했다. 1849년 안토니오 메우치는 미국 최대 전신 회사인 웨스턴유니온에 찾아가 최초의 전화기인 텔레트로포노teletrofono를 발표했고, 특허권을 신청하려 했다. 하지만 그는 특허권을 등록할 돈이 없어서 특허를 내지 못했다. 게다가 갑자기 심장마비로 세상을 떠나면서 최초의 발명가 타이틀은 벨이 지키게 되었다.

⚙ 지식 더하기 ⊗ ⊖ ⊗

안토니오 메우치
원래 양초 공장을 운영했는데, 일하는 틈틈이 발명에 전념해 벨보다 20여 년 앞선 1849년 기계를 이용한 최초의 전화기(전기식 음성 전달 장치)를 발명했다. 사무실에 있는 동안 큰 병에 걸려 침실을 벗어나지 못하는 아내와 대화하기 위해 발명했다고 전해진다. 그는 회사가 무너져 자금이 없었는데도 발명을 이어 갔다.

1861년에는 독일의 발명가 필립 라이스가 '라이스 전화기'라 불리는 자동 개폐식 전화기를 제작하기도 했다. 하지만 이 전화기는 음악은 전달해도 말을 이해할 수 있을 정도로 정확히 전달하지 못해 크게 인정받지 못했다. 라이스 역시 벨이 미국에서 전화기 특허를 내기 2년 전에 결핵으로 사망하고 만다.

심지어 미국의 발명가 일라이셔 그레이는 벨과 같은 날 특허권을 신청했지만 두 시간이 늦어 인정받지 못했다. 그는 12년이라는 오랜 시간 동안 벨과 소송을 진행했지만 패소했다. 그레이는 이밖에도 사진 전송이 가능한 전신기와 신디사이저 등 70개 이상의 발명품을 남기기도 했다.

이처럼 전화기는 여러 나라에서 여러 명의 과학자가 개발하고 있었지만, 특허권을 가장 먼저 획득한 것은 벨이었다. 현재는 벨을 최초의 전화기 발명가로 인정하지 않는 사람이 더 많다. 하지만 분명한 것은 실제 상용화해 가장 많은 사람이 사용하게 된 것은 벨의 전화기였다는 사실은 부인할 수 없다. 미국의 전화 가입자는 벨의 벨텔레폰컴퍼니가 설립되고 10년 뒤인 1877년에 이미 10만 명을 넘었다. 회사는 계속 성장했으며, 벨텔레폰컴퍼니는 현재 세계 최대 통신 기업인 AT&T(미국전화전신회사)가 되었다.

난 슬플 때 발명을 해

전화기의 발명과 특허를 통해 엄청난 부를 축적했지만, 벨의 삶은 결코 평탄하지 않았다. 어머니의 청력 손실, 결핵으로 인한 형과 동생의 사망, 두 아들의 죽음 등이 그를 시련에 빠뜨렸다. 어머니의 청력 손실과 형제의 죽음은 어린 그를 방황하게 했지만, 그를 발명으로 이끄는 힘이 되기도 했다. 어머니를 위해 그리고 소리에 대해 함께 고민했던 형제들의 꿈을 이루기 위해 벨은 열심히 노력했다.

전화기의 발명에 대해서는 논란이 많지만, 그의 삶에서 부인할 수 없는 것은 청각 장애인 교육에 대한 그의 노력과 열정이었다. 1871년 보스턴 농아학교의 교사가 되어 학생들을 가르칠 때는 수화를 어려워하는 학생들을 위해 알파벳을 붙인 장갑을 만들기도 했다. 또 시청각 장애인이자 미국의 작가 헬렌 켈러에게 가정교사로 애니 설리번을 소개하고, 그를 가르치게 했다.

1873년 보스턴 대학교 음성생리학 교수가 된 벨은 청각 장애인도 자신의 생각을 글로 전달할 수 있는 장치인 전신기에 관심을 가졌다. 전신기는 전기신호를 이용해 글을 보내는 장치다. 이와 같은 그의 여러 관심과 연구는 1876년 2월 전화기에 대한 특허권 인정으로 이어졌으며, 1876년 3월 황산 용액을 이용한 전화기를 통해 최초의 통화에 성공했다.

헬렌 켈러와 애니 설리번
시각과 청각 장애가 있는 헬렌 켈러는 애니 설리번의 도움으로
대학을 졸업하고 인권운동가이자 사회운동가로 활동했다.

최초의 전화기는 선이 직접 연결된 곳끼리만 통화할 수 있었다. 이런 불편을 개선하고자 추후 전화선을 교환해 주는 교환국이 생겼다. 그리고 더 나아가서는 전화번호도 생겼는데, 이 모든 것이 벨의 생각에서 시작되었다.

노력+열정=발명

벨은 다양한 분야에 관심이 많았다. 광선을 이용한 전화기와 금속탐지기를 발명했으며, 선체에 날개가 있어 물 위에 떠서 빠르게 날 수 있는 배인 수중익선을 개발하고 비행기실험협회를 세워 라이트 형제가 발명한 비행기를 발전시키기도 했다. 또한 현재 첨단 과학의 이정표와 같은 과학 학술지 〈사이언스〉에 자금을 지원해 창간을 도왔다. 우리가 다큐멘터리 채널 또는 의류 브랜드로 더 많이 알고 있는 과학 교양지 〈내셔널 지오그래픽〉을 장인과 함께 창간하고, 장인에 이어 2대 회장이 되어 크게 성장시켰다.

벨은 전화기의 특허권으로 20대에 막대한 재산을 얻었으며, 10개 이상의 명예 학위를 받았고, 뛰어난 과학적 발견을 한 사람에게 수여하는 상인 볼타상을 비롯해 많은 상을 받았다. 그는 죽을 때까지 세상을 바꾸기 위해 노력했다. 전화기 외에 그가 발명한 많은 물건에 대한 특허를 내지 않아 사람들이 이를 사용하고 발전시키도록 했다. 혹자는 전화기에 대한 특허권을 얻는 과정에서 양심의 가책을 느꼈기 때문에 이런 행동을 했다고 주장하지만, 특허로 얻을 수 있는 막대한 돈을 생각한다면 그의 결정은 결코 쉬운 일이 아니다.

1922년 그가 사망했을 때 헬렌 켈러는 큰 소리로 울며 그를 그리워했다. 그의 장례식이 진행된 8월 4일 오후 6시 25분에는 그를 추모하고자 미국과 캐나다 전역의 전화기 시스템을 1분간 중단시키기도 했다.

2022년 2월, 캐나다 왕립조폐국은 그의 탄생 175주년을 기념해 주화를 제작했다. 캐나다에서 전화기를 만들었고, 캐나다에서 사망한 발명가 벨을 기리기 위한 은화였다.

그가 획득한 특허에 대한 논란은 여전하지만, 그의 발명에 대한 노력과 열정만은 그의 이름을 딴 단위가 만들어질 만하기에 충분했다.

층간 소음은 몇 데시벨?

알렉산더 그레이엄 벨의 이름에서 유래한 단위인 '벨'은 영문 표기로 'Bel'이라고 쓰고 단위는 'B'로 쓴다. 사실, 벨이란 단위보다는 데시벨(dB)을 훨씬 더 많이 사용한다. 여기서 접두어로 쓰인 '데시'는 10분의 1을 의미한다. 데시벨은 흔히 쓰게 된 이유는 벨이라는 단위가 생각보다 너무 크기 때문이다.

데시벨과 벨은 모두 절댓값이 아니다. 기준값에 대한 상대적인 값이며, 상용로그를 사용해서 얻는다. 로그를 사용하면 큰 값을 작게 만들고 복잡한 계산을 쉽게 할 수 있다. 좀더 자세히 설명하면 지수적인 값을 선형적인 값으로 바꿈으로써 곱셈이 덧셈으로 바뀌어 훨씬 쉽게 계산할 수 있다. 이해하기 어렵겠지만, 기준값에 대한 측정값의 비율을 사용하기 쉽게 표현했다고 할 수 있다.

기준값 A에 대한 B의 데시벨 값은 다음과 같이 구할 수 있다. 참고로, 데시벨이 아니라 벨이라면 log 앞에 10을 빼고 계산하면 된다.

$$L_B = 10\log_{10} \frac{B}{A} \ [\text{dB}]$$

단위 데시벨은 소리의 강도, 다른 말로 하면 '음압 레벨'을 측정할 때만이 아니라 전력 등 다양한 분야에서 사용한다. 따라서 일반적으로 소리의 크기를 측정할 때 사용하는 데시벨은 음압데시벨(dBSPL)이라고 써야 하는데 보통 SPL(sound pressure level)을 생략한다.

중요한 것은 0데시벨을 사람이 들을 수 있는 최소한의 소리라고 한다면, 10데시벨은 0데시벨과 비교해 10배의 소리가 되고, 20데시벨은 20배가 아니라 100배의 소리가 되며, 30데시벨은 30배가 아니라 1,000배가 된다. 즉 10데시벨 차이는 10배를 의미한다.

일상생활에서 데시벨이란 단위는 소음을 측정할 때 주로 사용된다. 환경부 자료에 따르면 조용한 주택 거실에서 나는 소리의 크기가 40데시벨

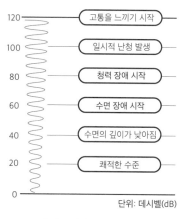

120	고통을 느끼기 시작
100	일시적 난청 발생
80	청력 장애 시작
60	수면 장애 시작
40	수면의 깊이가 낮아짐
20	쾌적한 수준
0	단위: 데시벨(dB)

소음의 크기가 건강에 미치는 영향

정도인데, 아이들 뛰는 소리가 50데시벨 이상이라고 하니, 아이들이 뛰는 소리가 조용한 주택 거실의 소리 대비 10배 이상의 크기인 것이다. 40데시벨이 넘는 소리는 수면에 영향을 미치고 건강에 좋지 않은 영향을 끼친다. 층간 소음 때문에 범죄까지 발생하는 지금의 상황을 벨이 안다면 과연 자신의 이름이 단위로 사용된 것을 좋아할지는 의문이다.

Q1.

과학자의 이름에서 유래된 단위가 많다니 참 재미있습니다. 단위의 이름이 된 과학자들에게는 뭔가 더 특별한 점이 있을까요?

국제단위계에서 과학자의 이름에서 유래된 단위는 총 19개입니다. 비 국제단위계까지 합친다면 33개가 됩니다. 과학자들이 그 업적을 인정받으면 다양한 방법으로 기려집니다. 그중에서도 자신의 이름을 딴 단위가 있다는 것은 엄청난 영광이겠죠. 이런 과학자들의 인생을 어린 시절부터 살펴보면 여러 공통점이 있는데, 그중 가장 큰 공통점은 세상에 대한 호기심이 많았다는 점과 한 주제에 대한 과제집착력이 강했다는 것입니다. 단순히 머리가 좋다고 위대한 과학자가 되지는 않는 것 같습니다. 세상을 호기심 어린 눈으로 바라보고, 자기 생각이 맞는지 꾸준히 검증해 내는 것!
그것이 그들의 특별한 점인 것 같습니다.

Q2.

수학, 과학, 공학, 천문학 등 다양한 분야에 걸친 단위가 정말 많습니다. 이러한 단위를 아는 것은 왜 중요할까요?

사실 수학, 과학, 공학, 천문학 등에서만 단위를 사용하고 있는 건 아닙니다. 우리의 하루에 단위가 없다면 어떤 일이 발생할까요? 아침에 일어나는 시간은 어떻게 알 수 있으며, 다른 사람과 그 시간을 어떻게 공유해서 약속을 잡을 것이며, 아침을 먹기 위해 요리를 할 때는 어떻게 재료의 양을 정확히 잴 수 있을까요? 우리의 일상은 단위가 없다면 엄청난 혼란에 빠질 것입니다. 단위는 우리가 그 중요성을 잊고 살아가는 공기와 같은 존재입니다.

Q3.

책에서 다룬 인물들 외에도 단위의 이름이 된 과학자들이 많은데요, 아쉽게 빠진 인물과 단위가 있다면 소개해 주세요.

책에서 다루고 싶은 인물은 정말 많았습니다. 국제단위계 기본단위는 일곱 개가 있는데, 그중 두 개가 과학자의 이름에서 유래되었습니다. 하나는 전기의 양(전류)을 나타내는 단위인 암페어(A)입니다. 암페어는 프랑스의 물리학자인 앙드레마리 앙페르에서 유래된 단위입니다. 또 다른 하나는 절대온도의 단위 켈빈(K)입니다. 이 단위는 영국의 물리학자 켈빈 남작의 이름에서 유래했습니다. 책을 쓸 때 중학생에게 익숙한 단위 혹은 성인들에게도 학창 시절 들어 보았던 단위를 쓰고자 했으나, 상대적으로 앙드레마리 앙페르와 켈빈 남작의 생애에 관한 자료가 적어서 다루지 못했습니다.

Q4.
여섯 명의 과학자 가운데 청소년에게 가장 소개하고 싶은 인물이 있다면 누구인가요?

다들 흥미로운 삶을 살았지만, 업적으로 보면 단연 뉴턴이 아닐까요? 사람들은 흔히 뉴턴을 만유인력의 법칙을 발견한 사람 정도로 기억하지만 그의 업적은 너무나 광대합니다. 사실상 그로부터 진정한 과학이 시작했다고 할 수 있습니다(물론 근대 자연과학의 아버지는 갈릴레오 갈릴레이라는 의견이 다수이긴 하지만요). 그리고 또 아주 오랫동안 연금술을 연구했다는 점도 흥미롭습니다.

Q5.

책을 쓰면서 특히 더 애정을 느끼거나 실제로 만나서 이야기를 나누어 보고 싶은 과학자가 있었다면요?

갈릴레오 갈릴레이를 만나서 이야기를 나눠 보고 싶습니다. 그의 업적도 업적이지만, 삶에 시련이 많았기 때문입니다. 아무런 시련 없이 연구에만 몰두한 과학자보다는, 시련을 이겨 내고 자신의 생각을 증명해 낸 그의 삶에 더 눈길이 갑니다. 그는 몰락한 귀족의 장남으로 태어났으며, 2,000년간 이어져 오던 아리스토텔레스의 가르침에 맞서 여러 번 종교재판에 불려 갔고, 심지어 시력을 완전히 잃기도 했죠. 그런 상황에서도 끊임없이 연구에 매진한 그 원동력이 무엇인지 궁금합니다. 그와 만날 수 있다면 1992년에 교황청이 파문을 해제한 사실뿐 아니라 뉴턴, 아인슈타인 등 수많은 과학자가 그의 업적을 지지하고 따랐다는 것도 말해 주고 싶습니다.

Q6.

여섯 명의 과학자들은 성장 배경이나 성격이 다르죠. 하지만 모두 역사에 기록될 만한 위대한 업적을 남겼습니다. 이들에게서 발견할 수 있는 공통점이 있다면 무엇일까요?

앞서 언급한 것처럼 세상을 보는 남다른 눈을 가진 것 같습니다. 세상을 있는 그대로 바라보지 않고, 호기심을 가지고 관찰했으며, 그것에 대해 고민하고, 자신의 생각을 정리하고, 행동으로 옮겼다는 점이 공통점인 것 같습니다. 인간의 역사는 그런 위대한 과학자들의 많은 노력이 쌓여 현재를 이루었다고 생각합니다.

Q7.

과학자들은 보통 삶보다 뛰어난 업적으로 알려지죠. 업적 외에 그들의 삶을 아는 것은 왜 중요할까요?

그들의 업적이 갑자기 어디서 뚝 떨어지는 것은 아닙니다. 과학사에서 뉴턴과 아인슈타인의 '기적의 해'와 같이 엄청난 업적이 나오는 특정 시기가 있는데, 이 역시 갑작스러운 영감에서 나왔다고 보긴 어렵습니다. 그전부터 관심을 가지고, 그 업적을 이루기 위해 고민했으며, 그 후에도 계속 보완해 나갔기 때문에 우리가 아는 현재의 과학이 있는 것입니다. 대부분의 사람은 뉴턴이 사과가 떨어진 것을 보고 만유인력을 생각해 냈다고 알고 있지만, 사실은 그 전후에 많은 경험과 많은 연구가 영향을 주었다는 사실을 간과해서는 안 될 것입니다. 과학자의 업적만 볼 것이 아니라 그들의 삶을 통해 그 업적을 이루기까지의 과정을 이해한다면, 보통의 우리도 과학을 공부하거나 혹은 다른 일을 할 때 좀더 나은 자신만의 업적을 남길 수 있지 않을까요?

중학교

고등학교

책

다이앤 오코넬, 한국여성과총 교육홍보출판위원회 옮김, 《세상을 바꾸는 힘》,
　해나무, 2017

다카기 진자부로, 강현욱 옮김, 《마리 퀴리 생각 따라잡기》, 파라북스, 2005

로이 포터, 조숙경 옮김, 《2500년 과학사를 움직인 인물들》, 창비, 1999

사이토 가쓰히로, 조민정 옮김, 최원석 감수, 《단위·기호 사전》, 그린북, 2019

송성수, 《청소년을 위한 과학자 이야기》, 신원문화사, 2002

시모나 체라토, 그라지아 니다시오 그림, 이승수 옮김, 이연주 감수, 《마리 퀴리와
　이렌 퀴리》, 비룡소, 2011

아이뉴턴 편집부 엮음, 《모든 단위와 중요 법칙·원리집》, 아이뉴턴, 2014

앨런 월터, 김재희·이병철 옮김, 《마리 퀴리의 위대한 유산》, 미래의창, 2006

야마다 히로타카, 이면우 옮김, 《천재 과학자들의 숨겨진 이야기》, 사람과책,
　2005

이관수 외, 홍정아 그림, 《뉴턴과 아인슈타인》, 2004

펜드리드 노이스, 권예리 옮김, 《사라진 여성 과학자들》, 2018

호시다 타다히코, 허강 옮김, 《별걸 다 재는 단위 이야기》, 어바웃어북, 2016

논문

이봉우, 물리 교육 관점에서 뉴턴 광학의 탐색, 한국물리학회, 2017

조숙경, 마리 퀴리와 피에르 퀴리, 과학과 기술, 2006

최준섭·유재영·임미가, 와트, 그는 누구인가?, 대한공업교육학회지, 2017

홍성욱, [갈릴레오 탄생 450주년] 갈릴레오, '메디치의 별'을 선물하다, 지식의

　지평, 2014

사진 출처

6쪽(와트, 증기 기관 특허 취득) ©Nicolás Pérez; 위키미디어

39쪽 ©Ingo Mehling; 위키미디어

7, 42쪽 ©Zde; 위키미디어

66쪽 ©Dennis Nilsson; 위키미디어

129쪽 ©Mauswiesel; 위키미디어

그래서 과학자는 단위가 되었죠

일상 속 어디에나 있는 과학 천재들

초판 1쇄 2023년 1월 27일

지은이 김경민

펴낸이 김한청
기획편집 원경은 김지연 차언조 양희우 유자영 김병수 장주희
마케팅 최지애 현승원
디자인 이성아 박다애
운영 최원준 설채린

펴낸곳 도서출판 다른
출판등록 2004년 9월 2일 제2013-000194호
주소 서울시 마포구 양화로 64 서교제일빌딩 902호
전화 02-3143-6478 팩스 02-3143-6479 이메일 khc15968@hanmail.net
블로그 blog.naver.com/darun_pub 인스타그램 @darunpublishers

ISBN 979-11-5633-525-2 (44000)
      979-11-5633-437-8 (세트)